航空装备维修器材筹措供应标准研究

郭峰 王德心 著

国防工業出版社
·北京·

内容简介

本书旨在比较全面、系统地介绍航空装备维修器材的消耗标准、周转标准、库存限额标准和战储标准等筹措供应标准研究的相关理论与方法，内容具有较高的创新性、理论性和实用性。

本书可以作为航材管理专业本科生的教材和后方专业、勤务专业硕士研究生的参考书。

图书在版编目(CIP)数据

航空装备维修器材筹措供应标准研究/郭峰，王德心著. —北京：国防工业出版社，2020.6

ISBN 978-7-118-12111-7

Ⅰ. ①航… Ⅱ. ①郭… ②王… Ⅲ. ①武器装备-维修-军需保障-标准体系-研究 Ⅳ. ①E24-65

中国版本图书馆 CIP 数据核字(2020)第 077235 号

※

国防工业出版社出版发行

(北京市海淀区紫竹院南路 23 号 邮政编码 100048)

三河市德鑫印刷厂印刷

新华书店经售

*

开本 710×1000 1/16 印张 9¾ 字数 166 千字

2020 年 6 月第 1 版第 1 次印刷 印数 1—2000 册 定价 68.00 元

国防书店：(010)88540777 发行邮购：(010)88540776

发行传真：(010)88540755 发行业务：(010)88540717

FOREWORD 序

航空装备是现代科学技术的结晶，从20世纪初发展到如今，用途日益广泛，性能日益先进，作用日益重要，其结构与组成、使用与操作、维修与保障等日益复杂，且价格日益昂贵。在现代和未来战争中，航空装备“首当其冲、全程使用”，是取得战争胜利的关键武器。航空装备是由几十万个零部件组成的武器系统，广泛采用新理论、新工艺、新材料，维修保障工作除遵循技术要求之外，还要遵循管理规律，采用先进的管理思想和理论，不断提高军事经济效益。

随着科学技术的不断进步，标准的作用与标准化的意义越来越大。航空装备维修保障是一个复杂的系统工程，作为装备使用保障人员，需要以持续提高装备战斗力和保障力为使命，以提高装备军事经济效益为初心，开拓保障思路，丰富管理手段，深入研究作战训练使用规律和装备技术特点，掌握维修保障需求与资源消耗规律，坚持创新驱动、技术引领，加强对开展标准及标准化建设重要性的认识与研究，及时全面地编制并贯彻执行相关标准，努力促进装备保障由经验管理向科学管理的转变，为维修保障系统的高效运转奠定良好基础。

维修器材是装备战斗力得以持续发挥的关键要素，是实施航空装备维修保障的重要物资基础。实施精确保障是现代条件下航空装备维修器材保障的趋势之一，需要一系列的制度规范和配套标准作支撑。长期以来，我国在军事装备维修器材保障方面，始终注重军事效益，对经济效益的研究成果较少，对于航空装备维修器材筹措供应标准方面的研究成果更少。为满足现代信息技术条件下航空装备维修保障工作的需要,为提高航空装备战斗力保障力的需要,迫切需要更多的具有指导性和针对性的标准化建设理论研究成果。

本书作者结合多年来开展航空装备维修保障相关研究工作的经验,撰写了本书,对相关标准建设理论和实践问题进行了深入和全面探讨,提出了航空装备维修器材保障标准建设的方法,形成了新的研究成果,丰富了装备保障理论,是可喜可贺之事,为机关决策、部队训练提供了理论依据,为其他相关单位开展标准化建设提供了重要参考。

2020年3月17日

PREFACE 前言

航空装备维修器材筹措供应标准是航空装备维修器材筹措供应工作的重要依据，标准制订的越准确，器材申请、订货就越符合实际，库存结构就越合理，器材保障水平就越高。航空装备维修器材筹措供应标准有助于器材保障人员掌握器材的需求规律，有助于减少器材积压和短缺问题。本书结合海军航空装备维修器材保障工作实际以及作者多年来开展维修器材筹措供应标准相关课题的研究成果，全面、系统地介绍了器材筹措供应标准制订的相关理论与方法，对于指导我军航空装备维修保障计划编制、库存控制等工作具有重要意义。

本书主要具有以下几个特点：

一是强调系统性和创新性。本书首次系统、全面地对航空装备维修器材的消耗标准、器材周转标准、库存限额标准、战储标准等筹措供应标准进行研究，介绍了标准的相关概念，深入分析了影响各筹措供应标准制订的因素，综合采用了满足率、航材保障良好率分别作为备件保障效能指标、系统保障效能指标对器材需求进行评估，系统建立了器材的消耗模型、周转模型、周转优化模型、库存限额模型和战储模型，首次通过大量实际的故障数样本对各种典型航材的需求分布进行了非参数假设检验，算例表明标准的定量测算和优化模型能够比较真实地反映我军航空装备维修器材消耗规律，所测算标准能够满足实际需求。本书所提供的航空装备维修器材筹措供应标准研究方法具有较高的系统性和创新性，可以用于指导我军航空装备维修器材筹措供应标准的制订工作,对促进我军航空装备维修器材保障工作进一步正规化、标准化具有重要意义。

二是突出理论性和实用性。本书借鉴了国内外研究最新成果,充分利用了作者所承担的器材筹措供应标准相关科研项目的研究成果以及最新的学术成果,使本书既具有一定的理论性,也具有一定的实用性。本书重点运用系统工程、概率论、数理统计、可靠性维修理论、粗糙集理论、边际分析等理论与方法建立了一套标准的定量测算和优化模型,为我军航空装备维修器材筹措供应标准研究与制订工作提供了科学依据。本书提供的案例数据均来自部队实际,所采用的统计分布经过了科学验证,所提出的研究方法已经应用于海军飞机维修器材相关筹措供应标准的制订工作,案例分析结果以及实际运用效果都表明本书的研究成果具有较高的理论性和实用性。

本书内容包括以下 9 个章节及附录 A

第 1 章概述,包括研究背景、概念解释、研究指导思想、研究目的与意义、研究思路和基本原则共 6 节。

第 2 章国内外研究现状分析,包括器材筹措供应标准、器材项目筛选、器材需求预测、器材寿命或需求分布检验、器材库存优化、器材订货、战时器材保障等问题研究和现有研究存在问题共 8 节。

第 3 章需求分析,包括标准制订影响因素、信息要求与约束条件共 2 节。

第 4 章研究方法,包括标准制订的技术路线、标准器材项目的筛选方法和标准器材数量的制订方法共 3 节。

第 5 章标准测算模型,包括器材的消耗模型、周转模型、周转优化模型、库存限额模型、战储模型和标准合理性评估方法共 6 节。

第6章分布检验，包括分布选择、检验案例设置原则、检验方法、检验案例、相关国军标存在问题分析共5节。

第7章标准算例分析，包括装备实力与任务数据、消耗标准算例、周转标准算例、库存限额标准算例和战储标准算例共5节。

第8章标准使用方法与建议，包括库存限额标准使用方法、战储标准使用方法和问题与建议共3节。

第9章结束语。

附录A器材周转储备评估与仿真验证。

本书由郭峰、王德心撰写。其中，王德心撰写第1~4章，郭峰撰写第5~9章并统筹全书。本书受海军装备部重点科研项目和国家自然科学基金(项目编号:71471006)资助，在撰写过程中参阅了大量著作和文献，吸收了同行们辛勤劳动的成果，海军装备部航空局王雷参谋、空军研究院李规正高工针对本书提出了很多宝贵的建议，张素琴负责全书审校，笔者在此一并表示感谢。本书可以作为航材管理专业本科生的教材、后方专业、勤务专业硕士研究生的参考书和我军各级器材保障部门开展航空装备维修器材筹措供应保障工作的指导书。

由于时间和能力的限制，本书难免存在不尽如人意之处，敬请广大读者提出宝贵意见，以使其日臻完善。对本书有任何疑问，请发电子邮件到 gf536149@163.com，我们会非常感谢。

郭峰　谨述

2020年2月18日

CONTENTS 目录

第1章 概　述

1.1 研究背景

我军航空装备种类多，飞行任务多样，器材的消耗与周转需求存在很大差异，尤其是近年来新机型陆续服役，故障规律、消耗规律和需求规律都不清楚，而且数据样本容量较小，所以我军航空装备维修器材要实现精确保障非常困难。精确保障的关键是实现精确的需求预测。需求预测的基础是摸清影响器材消耗和周转需求的因素并将这些因素相关数据统计完整、准确，但目前我军在数据统计方面存在指标不全、数据不准的问题。需求预测的关键是寻求符合器材故障规律、消耗规律和需求规律的理论和方法，虽然国内外有各种进行需求预测的理论和方法，但是它们都有各种各样的局限性，其适用性和准确性不能满足我军航空装备维修器材保障需要。例如，航空装备维修器材绝大部分的故障都是随机故障，只能从概率角度研究其统计规律，目前很多研究采用时间序列预测法去预测其消耗趋势的方法是不符合实际的，但目前针对器材的故障、消耗方面的统计规律仍缺乏系统的研究；航空装备维修器材保障的重点是可修件，影响可修件周转量的因素主要是送修周期，它直接影响可修件的库存水平，送修周期越短，周转速度越快，库存可用器材越多，要满足外场需求所需的周转器材越少，但是在利用送修周期、供货周期等因素获得更准确的库存周转量方面也缺乏系统的研究；对于不同标准需要纳入哪些器材是标准拟制工作的关键问题，需要根据不同标准面对的保障任务特点，制订一些基本原则，以对各标准适用器材的范围进行界定，但是当前的研究成果不能解决海军飞机筹措供应标准器材范围界定的问题。

需求预测的目的是制订器材筹措供应标准，为我军航空装备维修计划制订、库存控制等工作提供科学可靠的决策支持。在当前现代化战争条件下,精确、及时、高效的器材保障是夺取现代战争胜利的关键因素,科学合理的筹措供应标准则是实现精确、及时、高效保障的前提条件。目前,我军航空装备维修器材筹供工作缺乏相关标准依据,各级器材管理部门在进行装备维修计划制订、周转和战储器材库存控制等业务决策时仍是以经验为主,所以在器材保障工作中仍一定程度存在器材短缺和积压呆滞的情况。国内外关于航空装备维修器材筹措供应标准的研究文献不多,对器材筹措供应标准研究来说,总体上不成体系、适用性差。因此,如何根据我军实际工作需要研究航空装备维修器材筹措供应标准的制订方法是一个新的研究课题。

航空装备维修器材筹措供应标准是现代化战争条件下精确器材保障的基础,能够为我军航空装备维修计划的制订、库存储备控制和保障效能评估提供依据。为此,必须深入研究并掌握航空装备维修器材的故障规律、消耗规律和需求规律,运用与之相符的理论与方法,结合部队一线保障人员的丰富经验,制订相关筹措供应标准,使航空装备维修器材保障经费测算更加准确、库存决策更加合理,确保“供应不间断、库存不积压”,在有限保障经费条件下最大限度地提高器材保障水平。

根据装备发展部关于拟制航空装备维修器材筹措供应标准的要求,航空装备维修器材管理部门应当依据库存限额标准,结合装备实力、维修保障任务、消耗标准、周转标准及装备维修管理费指标等情况,统筹建立维修器材库存,做好装备维修器材供应保障工作。航空装备维修器材管理部门应当组织本系统开展维修器材消耗统计工作,及时总结维修器材消耗规律,制订单装消耗标准、单装周转标准、库存限额标准和战储标准等筹措供应标准,并根据实际消耗情况及时组织修订。在制定装备维修保障计划时,维修器材的项目和数量编制应根据维修器材筹措供应标准并结合部队保障实际综合确定。

1.2 概念解释

1.2.1 概念

单装消耗标准、单装周转标准、库存限额标准是平时的筹措供应标准,战储标准是战时的筹措供应标准。为便于读者理解,下面对单装消耗标准、单装周转标准、库存限额标准三个概念以及其他相关概念进行详细介绍。

供应标准:是指军队对经费、物资供给所作的统一规定。内容包括经费供应的数额,物资供应的范围、数量、质量和物资使用时限等。按平战状态,分为平时标准和战时标准;按标准类型,分为基本标准和补助标准等。

物资储备:一是指军队为保障持续不间断物资供应,按规定预先进行的储存物资的活动。按用途,分为日常物资储备和战备物资储备;按层次,分为战略物资储备(简称战略储备)、战役物资储备(简称战役储备)、战术物资储备(简称战术储备)。二是指按规定预先存储的物资。

储备标准:是指对部队各类物资储备定额所作的统一规定。通常根据部队的作战任务、装备战术技术性能、物资消耗规律和作战补充难易程度等因素制订。

单装消耗标准:是指部队按照规定条件使用单台(套)装备,在 1 年内进行维护保养或等级修理时所消耗维修器材的项目、数量和金额。

单装周转标准:是指部队按照规定条件使用单台(套)装备,为保证不间断供应而规定的维修器材最低库存量。

库存限额标准:是指部队按照规定条件使用一定规模装备,为保证维护、修理而规定的库存维修器材的项目、数量和金额。库存限额分为库存上限和库存下限。库存下限为年周转量,库存上限为年周转量与年消耗量之和,即

$$\text{库存下限}=\text{年周转量} \tag{1.1}$$

$$\text{库存上限}=\text{年周转量}+\text{年消耗量} \tag{1.2}$$

其中,年周转量、年消耗量分别是单装周转标准、单装消耗标准与装备实力的乘积。

单装库存限额标准的下限即为单装周转标准,上限即为单装周转标准与单装消耗标准之和。单装库存限额标准也采用库存限额除以装备实力得出,即先计算现有装备实力(即统计的最近一年的装备实力)维修器材的年周转量和年消耗量标准,从而得到库存限额标准,再用库存限额标准除以现有装备实力即可。实际使用时,采用单装库存限额标准乘以一个单位的装备实力即为该单位的库存限额,亦即该单位控制其周转库存的标准依据。

年订货数与库存限额标准的关系为

$$\text{年订货数}+\text{现有库存数}\in[\text{库存下限},\text{库存上限}] \tag{1.3}$$

如果比较一下器材供应保障与水池蓄水,会发现它们之间存在很多相似之处,下面通过对比分析其相似之处来帮助读者理解消耗标准、周转标准和库存限额标准。器材供应保障和水池蓄水示意图如图 1.1 所示。如果把器材仓库比作蓄水池,那么外场消耗的器材相当于漏出的水,通过订货或修复等途径筹措到的

器材则相当于往蓄水池灌入干净水或者经过污水处理后的再生水。为了保证需要时有足够的水,就必须蓄一定量的水,以实现不间断供应;同时,也不能蓄太多的水,以避免积压浪费。灌水的目的是:一是为了建立周转库存;二是为了补充因消耗减少的库存。一般来说,每年年初水池中的水需要达到蓄水线,即库存上限,这是器材一年中的最高周转量;而到了年底时,因为消耗导致水位下降到一定水平,即库存下限,这是器材一年中的最低周转量。每年周转库存中消耗的部分用消耗标准评估,库存下限依据周转标准控制,库存上限则在周转标准的基础上再加上消耗的部分。另外,从该图中可以看出,器材仓库是器材供应保障的关键节点,器材周转库存的数量直接关系到飞机是否因缺器材停飞,供货周期、送修周期则直接影响到器材的库存水平。显然,器材周转量的控制是平时器材保障工作的核心。因此,必须制订器材的消耗标准、周转标准以及库存限额标准,这样就可以对周转库存结构进行合理优化,避免器材发生短缺和积压呆滞。

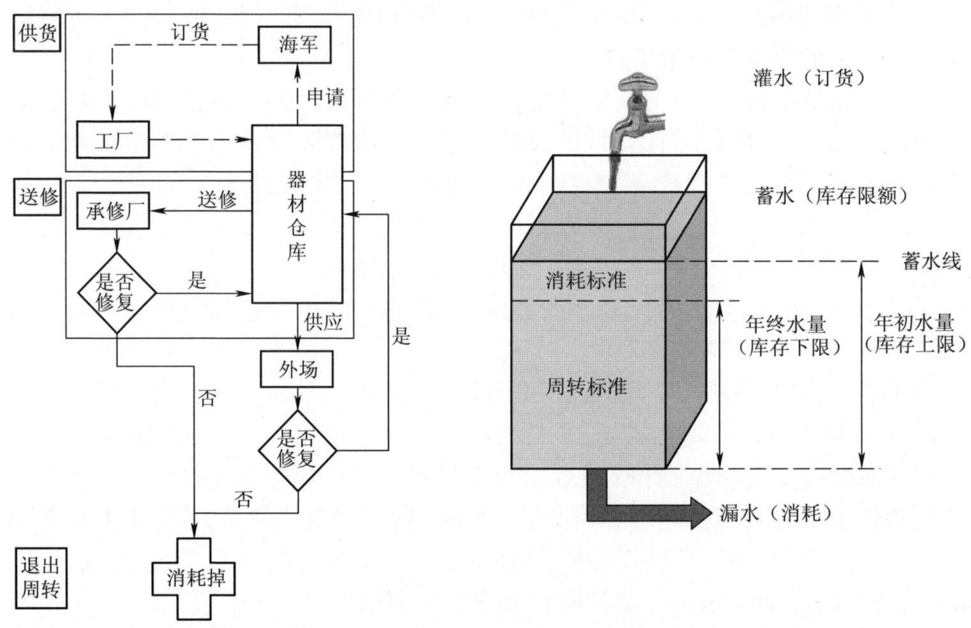

图 1.1 器材供应保障和水池蓄水示意图

战储标准:是指为保证一定作战期限内一定规模装备维护、修理所需器材的品种、数量的定额。

后方仓库中的战储仓库所储器材为战略储备和战役储备维修器材,亦即通常所说的战储器材,其筹措供应标准即为战储标准;基层仓库所储器材为战术储备维修器材，亦即通常所说的平时周转器材，其筹措供应标准包括消耗标准、周转标准和库存限额标准。

1.2.2 内涵

(1) 筹措供应标准器材项目均是指飞机器材。其中，消耗标准主要配备平时有消耗的外场可更换单元，周转标准和库存限额标准主要配备平时有消耗和有潜在故障的外场可更换单元。周转标准和库存限额标准的器材项目相同，消耗标准器材项目是其子集，均为周转器材。战储标准主要配备组合件、总成件等易于靠前修理、换件修理、快速修理的器材，其器材项目与周转器材有一定的互补性。

(2) 消耗标准器材数量是指装机使用器材年均消耗掉的数量，周转标准器材数量是指器材能够确保外场需求的最低库存周转量。对消耗件来说，年消耗掉的数量是指每年使用的数量；对可修件来说，年消耗掉的数量是指每年因为无法修复等原因而不可再使用的数量。库存限额标准的下限要求在每一项器材最低库存周转量的基础上，进一步确保装备系统达到一定的器材保障水平，按下限控制库存时可以有效避免短缺；上限是在下限的基础上补充每年消耗的数量，可以保证全年都能基本维持最低库存周转量，按上限控制库存时可以有效避免积压浪费。战储标准器材数量是指一定规模装备作战消耗器材的数量，不考虑送修周转和携行需求，应根据各型装备的任务要求确定其装备规模。

(3) 应按满足部队现有装备实力 1 年期正常飞行训练器材消耗及周转的最低需求，编制用于指导后续 2~3 年周转器材筹供工作的限额标准；按满足部队一定规模装备 3 个月作战消耗的最低需求，编制用于指导后续 2~3 年战储器材筹供工作的限额标准。不同装备战储标准所适用的装备规模不同，一般应根据装备的任务要求来确定其战储标准所适用的装备规模。

(4) 标准要反映该型航空装备维修器材真实的消耗规律，测算的基础数据来源于部队维修所消耗器材的实际数据，应包括历年的发付数、故障数、送修数、装机寿命、飞行任务，作战时限、战损率、战时维修更换率、战时飞机出动强度，驻舰、驻岛、转场、演习等任务携行数据。

(5) 消耗标准、周转标准和库存限额标准是用于指导基层仓库的库存管理工作的重要依据，战储标准是用于指导后方仓库的战储仓库的库存管理工作的重要依据。

(6) 在后续使用过程中，应结合装备保障实际，对标准予以及时修订并形成滚动工作机制。

1.2.3 外延

1）纳入平时筹措供应标准的器材，原则上按照以下条件确定

（1）包括保障部队日常执勤、训练、驻舰、驻岛、演习、应急突发事件等任务需要的维修器材，不考虑作战任务等战时任务维修器材需求。

（2）器材应以飞机（包括直升机，以下统称为“飞机”）的附（成）件为主，不包括大型机体结构件、标准件以及价格较低、消耗较少的专用零件。另外，消耗标准不包括过去无消耗且未来三年无到寿的器材。

（3）不包括发动机、副油箱、救生装（备）具、地面保障装（设）备、四站器材、物资器材以及弹药。

2）纳入战储标准的器材，原则上按照以下条件确定

（1）任务系统要储。针对任务系统，应强调覆盖性，即尽量全储，但基本不会故障的任务系统不储，因升级改造而淘汰的任务系统不储，已确定要升级改造和加改装特别频繁的任务系统不储。高故障率部件适量储备。

（2）结构件要储。考虑到作战特殊性，雷达罩、副翼、平尾、起落架等结构件作战时易损伤，所以需要储备。

（3）平时易损件要储。平时易损件主要是指液压泵、舵机等重要的附成件，平时故障多，作战时任务强度大，故障会更多，所以需要储备。

（4）影响飞机出动的关重件应重点考虑、加强储备。关重件包括关键件和重要件两类，关键件是指器材失效会导致装（设）备功能丧失或出现重大安全事故，重要件是指器材失效会导致装（设）备部分功能丧失或出现安全事故。

（5）以下器材不需要储备：

一是零件一般不储。螺钉、螺帽、接头、蒙皮、铆钉、标准件等一般为市购器材，即使平时消耗多，但周转库存一般较多，基本能够满足 3 个月的作战消耗。但一些关键零件，例如机翼机身结合螺栓等，平时基本不消耗但作战时易消耗，而且生产周期长，应储备。

二是存储周期短的器材不储。存储周期短的器材主要是指橡胶件，如轮胎、胶圈、软管、软油箱、减振垫、防水条等，不应储备。

三是大型结构件不储。机身、机翼等大型结构件不应储备。

四是装备、地面检测设备、保障设备不储。

五是工具不储。

另外，灭火瓶、灯泡、电瓶、导光板等器材不需要纳入战储器材范围。

1.3 研究指导思想

以提高航空装备维修器材保障能力为根本出发点，充分吸收国内外相关预测理论和方法的最新研究成果及先进经验，深刻分析并掌握平时和战时器材的消耗规律和周转需求，建立科学合理的器材消耗标准、周转标准、库存限额标准和战储标准测算模型，制订出与部队保障实际相符的器材筹措供应标准，为各级器材保障部门开展航空装备维修器材供应保障工作提供有力的理论及技术支持。

1.4 研究目的与意义

1.4.1 目的

（1）制订各型航空装备维修器材的单装消耗标准，为准确测算年度维修器材购置费提供依据。

（2）制订各型航空装备维修器材的单装周转标准和库存限额标准，为周转器材的筹措、储备和供应决策提供依据。

（3）制订各型航空装备维修器材的战储标准，为战储器材的筹措、储备和供应决策提供依据。

1.4.2 意义

1）为装备维修保障计划制订提供依据

随着航空装备设计、制造技术的进步，器材技术更复杂、集成度更高、价格更昂贵，使得貌似巨大的器材保障经费变得日益捉襟见肘，在当前器材总体经费有限的情况下，对各型飞机器材经费需求测算的精确性要求更高，器材购置经费分配的不合理就会造成器材短缺或积压浪费。新型飞机配备部队时间较短，器材保障经验、数据缺乏，消耗规律掌握不够，导致器材经费需求的测算难度较大。器材的筹措供应标准可以较好地解决上述问题，能够为我军航空装备维修计划制订提供直接、可靠、准确的技术支持。但是，由于影响平时和战时器材消耗、周转的因素较多，包括装备规模、器材故障率、部署地气候地理条件、飞行任务量、维修水平等,很多因素对器材消耗的影响难以科学量化,器材需求要做到准确预测难度较大。本书以提高器材科学化、精确化和精细化保障管理水平为目标,通过全面分析影响和制约器材保障综合效能的各类因素及主客观条件,综合考虑装备保障任务、保障目标、保障范围等边界条件,运用系统工程、可靠性为中心的维修理论、概率论、数理统计等理论与方法,构建了科学的定量测算模型,为制订器材的消耗标准、周转标准、库存限额标准和战储标准提供了切实可行的研究方法,为制订装备维修保障计划、提高器材保障效益提供了科学依据。

2）为器材库存控制提供限额标准

在器材保障过程中,随着器材的消耗,器材的库存数量逐步降低,当器材库存量降低到一定点时,就需要进行补充订货,否则就会影响下一阶段的器材保障,甚至造成缺件停飞的严重后果;而补充订货量不宜过大,否则又会导致库存器材积压呆滞。而器材的种类繁多,性质各异,消耗也存在很大的偶然因素,同一个部队的同一种器材不同年度的消耗可能相差几倍。因此,各级器材保障部门在控制器材库存储备规模方面存在很大的困难,没有一个可以参照的标准,器材储备规模的控制也不甚理想,表现在器材保障上就是器材周转率较低,存在一定比例的库存呆滞。器材筹措供应标准可以明确各型飞机器材年度消耗的品种、数量和金额及各型飞机器材应有的库存限额,可以为各级器材保障部门控制本级周转器材和战储器材库存储备规模提供参照标准。

3）为器材保障效能评估提供手段与依据

器材保障部门每年的年度器材工作安排均要求加强装备维修保障管理,提高装备维修保障效能,并对装备维修保障效能进行检查评估。器材保障是装备维修保障的重要组成部分,是装备维修保障的物质基础,过去一直以来具有数据量大、标准依据少、评估难度高的特点。备件级和装备系统级的保障效能缺乏有效手段评估。而筹措供应标准则为其评价工作提供了手段,可以采用不缺件概率、自然故障累积概率、战损累计概率等指标评估标准的备件保障效能,采用航材保障良好率评估标准的系统保障效能。库存达到标准的就说明保障效能达到所要求的水平;否则说明保障效能还有待提高。总之,器材筹措供应标准能够为器材消耗、筹措、储备、供应等管理工作的评估提供技术手段和考评依据。

1.5 研究思路

由于器材需求预测的复杂性,完全依靠建模进行定量测算是不够的。因为影响器材供应保障的因素很多、很复杂，不是任何一个模型能够完全反映出来的。不可避免的是，模型没有考虑到的因素会导致器材标准的测算结果与实际有一定的偏差。根据系统工程方法，标准制订的影响因素必须考虑全面，才能保证最终的结果与实际相符。因此除了对标准进行建模测算，还需要通过部队专家利用经验对标准进行定性分析与修正，这样才能确保标准与部队保障实际基本相符。综上分析，器材筹措供应标准研究思路即为：将各级器材保障部门作为一个管理系统，通过系统工程方法，利用可靠性维修理论、概率论、数理统计、库存优化等理论与方法，综合运用定量预测和定性分析、客观数据与实践经验制订器材筹措供应标准器材项目和数量，再对标准进行评估和仿真验证，最终获得科学实用的器材筹措供应标准。

1）器材项目的筛选

以各筹措供应标准器材的确定原则为基础，根据飞机装备部队以来故障、到寿统计以及器材实际消耗出库、送修等情况以及战时器材消耗特点，利用以可靠性为中心的逻辑决断分析方法以及粗糙集理论的属性分析法，初步确定外场可更换件；兼顾驻舰、驻岛、转场、演习等任务携行、多地保障的需要，根据海军部队的修理能力、维修深度，进一步修正外场可更换件项目并适当加入一定的内场可更换件，形成标准器材项目初稿；最后，通过分析实际的消耗、故障、送修、装机器材剩余寿命、飞行任务量等基础数据，结合器材保障专家的经验，对器材进行多轮分析、评估与论证，确定各标准器材项目终稿。战储标准器材项目的确定除了考虑平时的故障、消耗等情况，还需要考虑作战时限、战损可能性等因素，最后结合机型服役或淘汰、器材加装或改装等情况视情调整。

2）器材数量的测算

（1）定量测算。

综合考虑历年装备实力、飞行任务量以及单机安装数、故障率、年均实际消耗数等因素，以年购置经费为约束，建立器材消耗模型，计算现有装备实力维修器材的基本年消耗量。

综合考虑历年装备实力、飞行任务量以及单机安装数、故障率、送修周期、供货周期、未来三年到寿数等影响因素，选择合适的统计分布，以不缺件概率达到一定水平为约束，建立器材周转模型，计算现有装备实力维修器材的基本年周转量。

在所测算基本年消耗量和基本年周转量的基础上，以一定保障经费条件下航材保障良好率达到一定水平为约束，建立器材周转优化模型、库存限额模型，计算现有装备实力维修器材满足一年训练所需的库存限额。

综合考虑器材的故障率、单机安装数,历年装备实力、飞行任务量,以及一定的装备规模、作战时限、战损率、战时维修更换率、战时飞机出动强度等作战相关因素,选择合适的统计分布,以自然故障累积概率、战损累计概率达到一定水平为目标函数,建立器材战储模型,计算一定作战期限内一定规模装备所应储备的维修器材数量。

(2) 定性调整。

标准制订不能完全依赖定量测算,还必须根据装备实力、飞行任务量、改装前后故障率变化、多机型通用性、维修水平、管理水平、地理环境、作战强度以及任务携行等因素,进行定性调整。

定性调整包括两步:首先,根据部队专家审查情况,归纳总结出经验性的认识,并以此为原则修正模型参数,对标准进行间接修正;其次,针对模型参数调整无法考虑的因素,由部队一线保障相关专业人员根据丰富的保障经验,经过沟通、协商,对标准进行直接修正。任何模型都不能照顾到所有的情况,必须利用系统工程方法,弄清楚哪些因素可以用于定量测算,哪些只能根据经验进行定性分析后赋予适当的调整系数,而后者是前者不可或缺的重要补充;前者的难度高于后者,但后者的工作量和组织实施的复杂程度要高于前者。

综上所述,标准的制订必须采用定量测算与定性分析相结合的方式开展,这样才能全面考虑各种因素,最终确保所制订的标准科学合理。

1.6 基本原则

1.6.1 总体原则

(1) 标准按单一机型拟制,主要立足平时消耗与周转需求,兼顾战时器材需求特点、消耗规律及应用保障。

(2) 应依据器材历年的故障、消耗、送修、寿命以及飞行任务等数据,结合筹措要求、机务维修水平、气候地理条件等因素,按满足部队 1 年的正常飞行训练器材消耗及周转最低需求编制单装消耗标准、周转标准和库存限额标准,按满足部队一定规模装备 3 个月作战消耗编制战储标准。

(3) 消耗标准要考虑现行实际经费保障能力,原则上各型飞机维修器材单装消耗标准总经费,与近 5 年维修保障计划中的器材购置费所反映出的维修器材消耗规律基本一致,同时也应考虑器材消耗的未来趋势。

(4) 周转标准是保证器材供应不间断所需的最低储备，主要与故障率、送修周期、供货周期、任务携行量等因素相关，制订的周转标准应与实际经费保障能力相一致。另外，周转标准不能仅考虑故障维修、定检、维护等产生的消耗性需求，还应考虑驻舰、驻岛、转场、演习等产生的任务性需求，即使没有消耗，其周转库存也需要适量储备。

(5) 库存限额标准应在基本保证各型装备的系统保障效能达到一定水平的基础上，根据年消耗情况适当补充库存，使库存保持在一个合理的范围内。

(6) 战储标准应根据不同装备使命任务特点确定装备规模，然后确定该装备规模 3 个月作战消耗所需储备的器材项目和数量，不考虑送修周转和携行需求。

(7) 服役不超过 3 年的机型应参考相似机型的相关标准、结合实际消耗情况制订试行标准，其消耗规律难以掌握，为保证一定的装备完好性要求需要制订适当的系数对标准进行调整。另外，装备规模较小但要求重点保障的机型的装备完好性要求较高，其标准也需要适当调整。

(8) 在后续使用过程中，应结合各型装备保障实际及时修订标准。

1.6.2 具体原则

(1) 新机仍在工厂服务保证期内，产品状态存在一定的不稳定性，原则上以飞机出保后的器材统计数据为准。

(2) 过去无消耗且未来三年无到寿的器材不制订消耗标准，但对于其中失效可能性较大的重要部附件，需要保证有一定的周转库存以备不时之需，所以应制订周转标准。

(3) 历年故障、送修等数据中可能包含批次到寿、加改装、解决批次性质量问题等情况，其中故障数据中还可能包括校验、调整、清洗、润滑等非更换故障件的情况，统计时应排除这些情况。

(4) 在影响标准制订的各种因素中，对于不能用于建模测算的因素，原则上以部队专家的经验性认识为依据，设置适当的调整系数来修正标准。

(5) 消耗标准应根据以下原则制订：

① 消耗标准经费不包含初始备件和平时周转备件的采购经费。服役初期和服役多年机型的器材故障率较高，由于其初始备件和周转备件需求较多，其消耗标准总经费应比年购置经费小甚至小很多。

② 单装消耗标准是指装备全寿命周期内维修器材的消耗实际所反映出的单装平均消耗值，但是消耗标准制订不能仅考虑消耗的集中程度，还需要考

虑消耗的离散程度,只有两者结合起来才能全面地认识器材的消耗规律。

③ 消耗标准不考虑供货周期、送修周期、任务携行量等因素的影响。

④ 可修件的消耗标准应采用年均实际消耗数来计算。年均实际消耗数不是发付数,而是历年因无法修复或无修理价值等原因导致不可再使用的(待)报废数的平均值。有些可修件没有统计该数据,其消耗标准可根据失效可能性、修复价值高低等因素来估算,也可以采用平均故障间隔时间(mean time between failure, MTBF)来估算。

⑤ 消耗件的消耗标准应采用历年的消耗数来计算。有些消耗件没有发生过消耗,则根据失效可能性、便于筹措和供应保障等因素制订其消耗标准,也可以根据平均失效前时间(mean time to failure, MTTF)来估算。

(6) 周转标准应根据以下原则制订:

① 周转标准应综合考虑送修周期、供货周期、批次到寿、任务携行等因素的影响,确保器材的周转库存能够满足各型飞机执行平时各种任务 1 年的最低周转需求。

② 如果供货周期大于 1 年,则按实际所需时间算,可使筹措较难的器材的周转标准适当高一些,否则按 1 年算,这样可以确保所制订标准能够满足 1 年的周转需要。

③ 装备规模、器材故障率等因素不同,通用器材的周转标准应有所区别,应根据这些因素对其周转标准进行适当调整。

④ 各型飞机的周转标准所能达到的系统保障效能应采用我军实际工作中用于评价器材保障水平的航材保障良好率指标来评估,而不能采用飞机完好率等评价机务保障水平的指标来评估。

(7) 库存限额标准应根据以下原则制订:

① 库存下限为年周转量标准,按该标准控制库存,既可达到一定水平的备件保障效能,也可达到一定水平的系统保障效能。

② 库存上限为年周转量标准与年消耗量标准之和,在经费允许条件下按该标准控制库存可以达到更高的航材保障水平,同时又可以避免积压浪费。

(8) 战储标准应根据以下原则编制:

① 作战期间,任务强度很大,除了自然消耗还有战损消耗,器材消耗比较集中,可修件的修复时间会比平时长,而战时应以尽快恢复装备战斗力为首要任务,因此战储标准不考虑修理问题。因为作战时限较短,也不需要考虑器材订货

问题。另外，战储标准也不考虑任务携行需求。综上所述，战储标准只考虑战时消耗，不考虑周转需求。

② 对于有明确寿命控制要求的器材，除了考虑故障、战损消耗，还要考虑作战期间器材到寿更换的问题，可根据装备规模、单机安装数、作战时限等因素对标准进行适当调整。

第2章

国内外研究现状分析

美国、俄罗斯军队在航材、军械、军需、油料等方面都有相应的消耗标准,近年来推行精确后勤保障,优化器材库存,对装备维修器材的管理控制达到了较高的水平,而如果没有科学完善的标准体系则很难实现。但是目前国内外针对航空装备维修器材消耗、周转和库存限额标准的研究是比较缺乏的,现有的学术成果不能很好地解决我军航空装备维修器材筹措供应标准制订的问题。下面对目前国内外关于器材筹措供应标准、器材项目筛选、器材需求预测、器材寿命或需求分布检验、库存优化、器材订货、战时器材保障等问题研究情况以及现有研究存在问题进行详细阐述。

2.1 器材筹措供应标准问题研究

辛后居等于 2014 年针对某型飞机航材筹措方案制订的需要,阐述了消耗件和可修件单装消耗标准的制订方法[1]。但是,该方法没有考虑器材消耗离散程度、装备实力、装备服役年限等因素对消耗标准的影响;另外,针对可修件的消耗标准,没有考虑报废因素,所计算的仍然是周转量而不是实际消耗掉的数量。郭峰等于 2017 年研究了影响消耗标准和周转标准的因素,建立了分别用于测算年消耗量和年周转量的航材消耗和周转模型[2],但是所考虑的影响各标准制订的因素不全面,没有提出从装备系统角度对周转标准进一步优化的方法和库存限额模型,没有对所采用的统计分布进行非参数假设检验,没有考虑驻舰、驻岛等携行需求。周海军等于 2015 年分析了防空兵弹药消耗标准影响因素,建立了防空兵弹药消耗标准解析模型[3]。崔亦斌等于 2001 年阐述了影响备件消耗标准的主要因素,建立了备件消耗标准模型[4]。张富兴等于 2011 年对中国重型汽车燃料消耗标准进行了分析,阐述了燃料消耗量测量方法中的关键因素[5]。赵建民于 2001 年提出了备件品种与数量的综合决策方法,即相似性方法、专家推理法和工程分析法,设计了新装备备件消耗标准的决策系统[6]。毕义明等于 2004 年建立了装备备件消耗标准的预测模型[7]。刘筱晨等于 2012 年构建了军队经费消耗标准定额模型[8]。罗承昆等于 2015 年提出了航空兵团日常训练任务航材需求量和外地驻训任务航材携行量的确定方法,库存限额下限为日常训练需求量、上限为日常训练需求量与携行量之和[9]。他们认为无规定寿命的部件消耗均为随机故障,有规定寿命的部件单独预测一年的到寿周转量。但是,如果集中到寿的时间正好在一年年末和下一年年初,实际所需的周转量会比按年度预测的周转量大很多。他们也没有考虑到可修件报废、供货周期等因素的影响。最重要的是他们所提出的关于库存限额下限和上限的定义与装备发展部相关文件不符。董骁雄等于 2017 年提出通过装备完好率、使用可用度、平均故障停机时间与备件保障概率之间的函数关系确定备件需求[10],但采用的系统保障效能指标与我军航空装备维修器材保障实际不一致,没有阐述库存限额标准的概念、计算方法。张利旺等于 2011 年建立了基于贝叶斯网络的可修件消耗定额预测模型[11],但没有考虑器材到寿问题、寿命分布以及需求分布,也没有考虑可修件报废、供货周期等因素的影响。

2.2 器材项目筛选问题研究

张仕念等于 2007 年分析了战储备件的特点及影响战储备件储备品种选择的因素,根据粗糙集(rough set)理论,提出了战储备件储备品种选择的属性分析法[12]。该方法可以较好地解决战储备件储备品种的选择问题,也可以作为周转器材储备项目筛选的重要参考。GJB 1378A—2007《装备以可靠性为中心的维修分析》阐述了结构、系统和设备以可靠性为中心的维修分析(reliability centered maintenance analysis, RCMA),提出了重要结构项目、非重要结构项目以及重要功能产品、非重要功能产品的确定原则、步骤、决断过程等[13]。齐艳华于 2016 年从器材维修的角度出发,结合 GJB 1378A—2007《装备以可靠性为中心的维修分析》的逻辑决断方法以及实际保障经验,总结了一套具有实际操作性的以可靠性为中心的维修分析方法[14]。

2.3 器材需求预测问题研究

2.3.1 基于维修理论的器材需求预测

赵淑舫于2002年讨论了航材的分类方法，分析了航材需求规律，建立了基于泊松分布的需求预测模型[15]。他提出为了保持合理的库存水平，正常发付率不一定过高，应在90%~92%之间。另外，器材出厂前已经消除了早期故障期；有耗损故障期的器材只有刹车片等少量外场可更换单元，一般根据部队期望增大储备，没有必要进行理论研究。因此，他认为装机使用器材均在偶然故障期，其故障率基本恒定，需求服从泊松分布。高崎等于2013年提出了周转备件主要用于保持对备件的持续供应、避免备件订货的延误风险，建立了威布尔比例故障率模型[16]。倪现存等于2009年、孙奕等于2017年建立了民用飞机周转备件需求预测模型[17-18]。高清振等于2010年建立了军用飞机周转备件需求预测模型[19]。唐伟于2007年结合我军航空师航材的实际消耗维修情况，建立了事后维修型和视情维修型航材的需求预测模型[20]。I. Milojevic等于2012年提出器材需求是确定性的或随机的、平稳的或非平稳的、连续的或离散的、满意的或不满意的；为便于进行决策和库存管理，建立了可控和不可控两种情况下的需求预测模型；同时提出有些特殊情况是模型所不能预测的，需要通过管理方法来解决[21]。J. L. Adams等于1993年研究讨论了美国空军飞机可修复备件的需求预测问题，说明了不确定性在备件需求预测方面的影响以及管理手段在平时和战时维修器材保障方面的补充作用[22]。

2.3.2 基于时间序列的器材需求预测

左召军等于2004年采用时间序列分析法对某种航材消耗进行预测[23]。X. Ma等于2017年建立了导弹备件消耗时间序列预测模型[24]。A. Regattieri等于2005年研究了航材典型需求的有效预测方法，发现加权移动平均法、指数加权移动平均法是其中最好的方法[25]。J. Ren等于2009年提出采用ARIMA时间序列模型预测备件需求[26]。Z. Hua等于2006年提出基于备件需求特性，采用支持向量机预测备件的非零需求[27]。刘信斌等于 2016 年提出根据时间序列乘积季节模型,利用统计软件 SPSS,对收集到的航材需求的历史数据进行了建模、参数估计、检验、预测[28]。贾治宇等于 2009 年提出将使用过程中备件消耗的数据看作时间序列,通过建立相应的 ARIMA(p,d,q)模型进行预测[29]。刘杨、吴清亮、万玉成等均利用消耗数进行时间序列预测,没有考虑到有寿件、可修件和消耗件的消耗规律不同,因此,所建立的模型仅适用于纯消耗性航材的需求预测[30-32]。李院生等于 2007 年研究阐述温特指数平滑法的计算方法和计算步骤,并通过算例分析了温特指数平滑法在装备备件消耗量预测中的应用[33]。刘晓春等于 2012 年运用指数平滑预测技术构建了装备维修备件需求量预测模型[34]。程玉波等于 2009 年建立了基于指数平滑法的装备维修器材需求量预测模型[35]。戚君宜等于 2009 年研究运用简单移动平均法修正历史数据,采用季节指数法预测导航装备维修用备件消耗量[36]。赵劲松等于 2016 年建立了不常用备件需求预测灰色模型[37]。N. Kourentzes 于 2013 年采用灰色预测、神经网络等方法进行消耗预测[38]。E. Kayacan 等于 2010 年采用 GM(1,1)模型进行备件需求预测[39]。K. N. Amirkolaii 等于 2017 年研究阐述了需求不断波动的不确定性导致了更高的目标库存水平,提出采用神经网络均方误差建模预测航材供应链中的器材需求[40]。李保华等于 2007 年研究阐述了基于寿命分布函数、时间序列和成组技术的备件需求预测模型[41]。郭峰等于 2017 年针对可修件需求预测方法的选择仍需要经验判断而不够智能化、自动化以及预测所利用的基础数据与实际消耗不太相符的问题,提出了一种利用经过处理后与实际相符的基础数据进行预测的二级组合预测方法[42]。他们证明了单机周转数据比消耗数据更符合实际,二级组合预测模型要比单一预测方法和一级组合预测方法更准确,其最大的优势是在预测时不需要专业人员去判断最优的单一方法进行预测,而是自动寻优的同时获得了比所有单一预测方法和一级组合预测方法更高的精度。M. M. Rosienkiewicz 于 2013 年对移动平均、指数平滑、趋势分析、回归分析、神经网络等八种传统的时间序列预测法和人工智能方法进行比较,提出了一种回归模型、信息准则和人工神经网络相结合的需求组合预测方法[43]。S. Moon 于 2013 年提出了一种以需求特性为依据,运用人工神经网络、决策树等方法,以预测误差最小为目标函数来确定最优的预测方法[44]。但是,上述文献一般没有系统考虑装备实力变化、飞行任务量变化、送修周期、供货周期、到寿消耗以及任务携行等因素对需求的影响。

2.4 器材寿命或需求分布检验问题研究

A. A. Syntetos 等于 2012 年针对美国、英国、欧洲军用装备备件、电子设备备件需求,采用卡方分布检验法进行了泊松分布、正态分布、伽马分布等统计分布检验研究[45]。他们将观察期设置为 1 个月,样本观察时间最长 84 个月,最短 48 个月。但实际上观察期不宜太短,否则会导致差均比产生较大变化,这对分布检验结果可能产生较大影响。但是,他们没有提供样本数据与检验过程。D. Lengu 等于 2014 年对各种复合泊松分布的拟合优度进行了研究[46],并提出了基于分布的分类方法,但没有明确不同器材服从的统计分布。

2.5 器材库存优化问题研究

A. H. C. Eaves 等于 2004 年阐述了大部分备件需求都是间断的或平滑的,讨论了订货预测和库存控制模型[47],为英国皇家空军依据现役飞机的现有备件最大限度地提高作战能力提供了可靠的理论依据。G. F. B. Jr 等于 2010 年分析了备件需求的不确定性,利用贝叶斯方法提出了一个与需求一致的需求概率模型,并给出两个重要推论:一是绝大部分备件的需求与飞行时间等因素不相关;二是泊松分布能够充分反映低消耗备件的需求,但随着时间的推移,高消耗备件需求的方差通常比其均值大得多,导致高消耗备件需求过程不再符合具有相同均值和方差的简单泊松模型,该问题可以采用将故障率的分布作为先验分布来解决[48]。C. Craig 等于 2008 年研究阐述了备件库存优化的理论与方法,利用不缺件概率、短缺数、供应可用度等指标,建立了多等级多层级库存优化模型,采用边际分析法求解[49]。他们将器材故障分为随机故障和耗损故障两种,并提出绝大部分器材为随机故障器材,仅有电池等少量器材为耗损故障器材;随机故障器材的故障率恒定不变,故障时间服从指数分布,需求分布服从泊松分布;耗损故障器材的故障率服从浴盆曲线,故障时间服从伽马分布,需求服从二项分布。W. D. Rustenburg 等于 2000 年采用使用可用度为系统保障效能指标,以一定器材保障经费为约束建立了库存优化模型[50]。石丽娜等于 2004 年在分析了航材周转件需求规律的基础上,提出一种基于泊松分布的库存量确定模型[51]。李圆芳于 2014 年阐述了波音公司采用的航材库存预测模型,采用智能算法求解,其消耗量也服从泊松分布[52]。聂涛等于 2010 年在假设各基层备件需求相互独立且需求服从泊松分布的基础上,以供应可用度达到 95%以上为约束,建立了单项备件的两级闭环供应链库存系统优化模型,运用边际分析法求解[53]。何亚群等于 2004 年假设可修复器材消耗服从泊松分布,提出了一种以飞机可用度为评价指标的可修件需求预测模型[54]。刘源等于 2009 年假设备件需求服从泊松过程,分别建立了以可用度为中心和以费用为中心的备件储备量优化模型,飞机可用度不低于 95%[55]。邱风等于 2006 年研究了通用雷达装备零部件寿命分布类型,给出了以可靠性为依据确定维修器材储供数量的计算公式[56]。倪冬梅等于 2013 年以快速消费品为研究对象,建立了时间序列分析与多元回归整合的需求预测综合模型并构建了基于库存成本最小的库存决策模型[57]。

2.6 器材订货问题研究

陈靓于 2016 年提出通过构建航材供应链管理体系、优化航材订货以及使用 3A 分类法进行航材库存管理,达到优化航材资源配置、提高航材使用率的目的[58]。李崇明于 2016 年研究了航材的分类和航材库存指标的选取,通过可靠性分析建立了时寿件和可修件的采购模型[59]。张瑞昌等于 2004 年在讨论航材备件需求率(即故障率)的基础上,假设航材消耗服从泊松分布,根据航材保障率(即不缺件概率)建立了消耗性航材备件订货模型[60]。该研究表明供货周期对航材订货决策具有较大影响,但筹措供应标准相关文献基本没有考虑供货周期,这就导致其所计算的供货周期比较大的器材的周转量偏小,不能满足不间断供应的要求。GJB 8257—2014《通用雷达装备维修器材筹措供应标准编制要求》提出了指数寿命件需求在期望均值大于 0.051 时用泊松分布计算,其他时候采用期望均值、保障度计算,正态寿命件采用正态分布计算[61]。GJB 4355—2002《备件供应规划要求》则提出指数寿命件需求一般采用泊松分布计算,只有当期望均值大于 5 时才采用正态分布近似计算;正态分布件需求采用正态分布计算;威布尔寿命件需求采用威布尔分布计算[62]。GJB 3914—99《电子对抗装备随机备件概算》提出可修件的故障和修复时间服从指数分布,采用排队论方法计算其需求,而消耗件需求采用泊松分布计算[63]。U Dinesh Kumar 于 2010 年阐述了帕尔姆定理,该定理假设在一个送修周期内在修备件不多时,在修时间实际上不存在排队或相互影响的现象[64]。在该假设条件下,不需要测量修理分布的形态,所以该定理得到普遍应用。当然,不能精确地建立修理排队模型会低估实际修理延误的时间。但本书中的送修周期包括修复时间、供应延误时间,其中修复时间就包含了排队修理延误的时间。由于所统计送修周期偏大,这就在一定程度上平衡了排队修理延误的时间对周转量的需求。

2.7 战时器材保障问题研究

2.7.1 战时装备维修器材品种确定方法问题研究

闫红伟等于2007年阐述了战时航材品种的确定步骤,即首先确定外场可更换单元,然后确定哪些外场可更换单元可以在外场修复、修复时需要哪些内场可更换单元。他们采用该方法筛选出容易战损、故障率较高的外场可更换单元和内场可更换单元进行重点保障。这里应注意:战时需供应哪些航材,应将快速更换故障件以确保飞机战斗力完好为第一原则,所以宜大量储备外场更换件。另外,由于经费有限,相比之下更便宜、修复外场可更换单元所用的内场可更换单元也需要储备,这样可以一定程度地减少经费负担[65]。

2.7.2 战时器材需求预测问题研究

胡一繁于2007年针对不同任务——威胁下飞机的战伤部件需求预测进行了研究。他认为现代战争中空军的作用越来越重要,空中力量已经成为决定战争胜败的主导因素。为了提高飞机在战争中的可用性,增强飞机的持续出动能力,良好的战伤备件保障具有至关重要的作用。战伤备件保障就是通过快速供应充足的备件,以换件修理、换件排故来赢得时间,保证飞机的快速出动和高强度出动。他从飞机生存力的角度,通过概率模型,使用计算机仿真,研究飞机战伤备件需求问题,主要研究内容和结论包括:一是确定飞机战伤备件类型,用部件致命性分析方法对飞机的部件进行分类,通过分析得出无余度致命性部件和非致命性部件为备件类型;二是计算飞机部件的战伤概率,部件战伤概率指飞机生存且部件战伤的概率,不包括战损飞机的部件受伤概率。通过任务——威胁分析确定威胁杀伤力,结合飞机生存力,给出了部件战伤概率的计算方法。算例结果显示,部件的战伤概率由飞机和威胁的具体遭遇情况以及飞机本身结构决定。相同的部件,由于与威胁遭遇条件不同或者由于部件的遮挡关系不同,战伤概率也不相同;三是建立飞机备件需求模型[66]。常文兵等于2006年阐述了战时备件在武器系统备件供应体系中占有不可或缺的地位,在简单介绍战时备件需求构成要素的基础上,从自然消耗、战损消耗两方面分析了战时备件需求的影响因素,并介绍了几个实用的计算模型[67]。周仁斌等于 2002 年通过确定战时备件需求评价指标体系,运用层次分析原理和灰色理论,建立了战时备件需求的多层次灰色预测模型,并结合参战的某型舰的主机气阀弹簧的战损需求进行多层次灰色预测[68]。吴晓辉于 2012 年对剩余作战使用时间和备件获取时间进行了分析,选定剩余作战使用时间为备件申请的约束条件。根据给定备件保障率,建立了备件申请时机和申请量模型,给出了计算公式。通过举例分析,验证了模型和算法,为战时备件申请问题提供了决策依据[69]。孙胜祥等于 2007 年阐述了战场抢修条件下备件需求的特点,在分析备件需求原因的基础上,建立了备件战时存储费用需求预测模型。该模型考虑因素较为全面,数据较易收集,数值计算也不困难,利于决策者根据战时具体情况做出科学的决策[70]。郭会军等于 2007 年阐述了为了准确预测战时备件需求,依据目前我军的维修保障机制和运行过程,采用 ARIS 方法,对战时装备维修过程进行了分析,建立了战时备件需求的仿真模型[71]。闫红伟等于 2007 年分析了战时典型的装备维修备件保障系统的结构和运行规律,通过数学推理,证明备件保障度与战时装备的战备件完好性直接相关,从而确定了系统的量化目标——备件保障度;并以满足战时备件保障度为目标,基于战时备件更新过程理论,建立了单不修复部件和多不修复部件的备件携运行量模型,并给出了相应模型的计算机求解过程,为战时装备维修备件的科学决策提供了模型支持[72]。闫小拽等于 2008 年阐述了着眼于高技术条件下航空装备备件需求量难以确定的问题,首先构建了战时航空装备备件需求评价指标体系,并运用多层次灰色预测模型预测了战时航空装备备件需求率,最后以此为依据建立了航空装备备件保障度模型[73]。

2.7.3 战时器材供应保障优化问题研究

李文元等于 2011 年阐述了通过分析装备的基本功能项目确定所需备件的种类,以通信装备的战备完好性和备件费用作为两个互相制约的因素建立了模型,并给出了利用遗传算法进行求解的思路。该方法能在满足一定装备完好性的基础上使备件携行量最少,有利于战时通信装备维修的精确化和科学化[74]。刘喜春等于 2008 年研究了战时备件在供应保障网络中如何配置以及储运的问题,首先根据网络的层次性及作战的时序性,抽象出一个典型的多阶段三级战时备件供应保障系统的规划模型;然后针对战时作战单元对备件需求的不确定性,在确定性规划模型基础上建立了战时备件供应保障系统的机会约束规划模型,给出了采用随机模拟的遗传算法求解模型的步骤[75]。吴晓辉于2011年针对战时装备随装备件与运行备件的使用方法不同的特点，对运行备件保障率进行了分析，将备件运行量优化问题理解为特殊的二级备件保障问题，建立了基于随装备件的运行备件保障率模型，给出了运行备件最优数量的通用计算公式[76]。刘喜春等于2010年把战时备件供应保障看作一个多阶段过程，建立了典型三级备件供应保障结构下的战时备件供应保障规划模型，模型中采用阶段期望缺货数作为备件供应保障系统的性能参数，并给出了其定义及表达式；给出了通过迭代方法获得备件供应保障优化策略时阶段期望缺货数的计算过程，且考虑全部可修及部分可修两种情形；当供应渠道中备件数量服从泊松分布时，基于动态Palm定理给出了期望缺货数的计算公式[77]。

2.7.4 战时器材重要度评定问题研究

闫红伟等于2007年阐述了战时装备维修备件重要度二级模糊综合评价模型，在分析影响备件重要度各因素后建立。模型从关键性、耗损性及易换性三个方面确定评价因素集。提出了模型建立步骤，即评判集的确定、二级因素集的一级评判、一级因素的二级评判。实例表明，在战时人、财、物资源有限情况下，该评价模型可针对不同作战想定对备件按重要度进行分级排序[78]。

2.7.5 战时器材保障能力建设方面问题研究

李守惠等于2004年分析了战时航材保障的主要特点，包括技术保障要求高、参战机种多、机动保障难度大、持续保障时间长；阐述了战时航材保障存在的问题，包括器材持续保障能力不足，器材筹供方式不能满足战时航材需要，物资前送量大、后续运送能力薄弱，航材专业性强、保障人员综合素质较低；在加强战时航材保障的对策内容中，既强调了管理方法与手段的运用，也强调了科学确定储备标准。前者包括加强保障方法研究、摸清搞准消耗规律，加快配套设施建设、注重战时组织指挥，建立航材筹供网络、提高运输供应效率，加快保障队伍建设、提高人员总体素质。后者包括：一要根据航空兵部队的作战任务和部署情况，结合作战需求，在深入研究、充分论证的基础上，制订切合实际的航材消耗限额和储备标准；二要优化储备结构，根据参战机型及作战任务的需要确定储备品种，以保证新机航材供应为前提，科学调整库存航材品种的储备结构，满足多机种航材供应保障的需要；三要加大储备量，依据未来战争规模，按照突出重点、靠前配置的储备原则，加大一线地区航材储备量以确保持续保障供应[79]。隋志刚等于2003年阐述了空军现行战时机动空运转场携行标准存在的问题，包括标准不规范、随意性大以及科学性差；提出了拟制战时机动空运转场携行标准应考虑的因素，主要包括出动机群规模、作战任务、作战时限、前线机场保障物资预置现状、转场各梯队担负的任务等因素[80]。

上述战时维修器材品种的确定方法、战时器材需求预测、战时器材供应保障优化等领域的相关文献对战储标准器材品种的筛选方法以及器材数量的测算方法的研究具有重要的参考价值。战时器材重要度评定方法的相关文献是对应用标准订货时的器材优先权方面进行的研究，有助于更好地理解和使用各种筹措供应标准。战时器材保障能力建设方面的相关研究对于正确认识各种筹措供应标准的重要性以及构建标准的研究思路具有一定的参考价值。

2.8 现有研究存在问题

在航材需求预测、库存优化、经费测算等方面国内外已有很多研究工作，但是在器材消耗标准、周转标准、库存限额标准、战储标准方面进行的研究很少，而且不太准确、不成系统、不够全面，不能满足我军航空装备维修器材筹供决策的需要。国内外现有研究主要存在以下问题：

1）没有系统全面地研究影响标准制订的因素

现有文献没有系统全面地进行过关于不同筹措供应标准制订影响因素的研究，有的仅考虑影响器材消耗的因素，有的仅考虑影响器材周转的因素，即使考虑的某一方面的因素但也不全面。实际上，筹措供应标准是订货的重要依据，因此在制订标准时既要考虑影响器材消耗、周转的因素，还需要考虑便于筹措和供应保障、任务携行等因素。另外，现有采用时间序列预测法、人工智能方法以及采用统计分析方法预测需求或进行库存优化的文献均没有同时考虑或者根本没有考虑供货周期和送修周期对器材周转量的影响，这会使一些筹措周期较长的器材周转量的预测结果远远满足不了实际需求，尤其是进口贵重器材。

2）不同器材的寿命分布或需求分布缺乏验证

由于我军信息化建设起步较晚，而且消耗基础数据的初始统计工作不太规范，时间较早的数据样本难以采集，同时我军飞机更新换代以及机载设备器材改装的速度比较快，样本容量普遍不大，所以导致过去我军在不同器材统计分布的研究方面缺乏充分的条件。另外，在不同器材统计分布的确定方面，国内外其他相关研究中也没有可靠的参考依据。现有研究成果中均是直接阐述某一类器材寿命或需求服从某一种统计分布，但是没有利用实际的消耗统计数据进行过分布检验。这就导致在各种研究中对统计分布的阐述五花八门，甚至互相矛盾。因为部队使命任务特点、使用时间、使用强度、气候地理条件等因素的不同，器材的可靠性会产生一定甚至较大差异，即使是同一种机型的同一种器材其消耗或故障规律也会有所区别，其寿命或需求分布自然有所差异，所以统计分布选择是否正确对筹措供应标准测算的准确性有较大影响。笔者在前期进行器材需求预测、库存优化的研究中发现，可以将观察期适当缩短以增大样本容量，例如将原来按年统计的数据样本改为按半年统计，这样可以增大样本容量，达到分布检验的基本要求，从而为研究不同器材寿命或需求所服从的统计分布奠定了良好的基础。

3）所采用的系统保障效能指标与我军实际不一致

我军航空装备维修器材保障能力均采用航材保障良好率来评估，其计算方法是根据实际的良好架日和飞机总架日直接计算，但是没有研究表明航材保障良好率与器材周转量存在函数关系。这就导致我军可以采用航材保障良好率指标进行实际保障能力评估，却难以通过它从系统角度进行库存优化研究，所以现有关于筹措供应标准的研究文献无法对所制订标准能够达到的航材保障良好率水平进行评估。为此，笔者针对国内外常用的系统保障效能指标（包括航材保障良好率、使用可用度、供应可用度、飞机完好率等）的定义、内涵等进行系统研究，通过比较分析确定了航材保障良好率与周转量的函数关系，实现了从系统角度对各型航空装备维修器材库存限额标准进行优化，以确保各型飞机的航材保障良好率达到要求的水平的目的。这是对我军航空装备维修器材库存优化理论的一次重要提升，可以有效提高我军在库存控制和订货决策方面的水平。

4）没有系统分析并根据需求规律研究器材的分类及其需求预测方法

依据需求规律的不同，器材的需求主要包括故障消耗、到寿消耗、任务携行、维护保养消耗四种情况。这四种需求是不同的自然现象，而不同的自然现象具有不同的特性，研究它们所采用的数学工具也是有所区别的。一般来说，自然现象包括确定现象、随机现象和模糊现象。其中，确定现象是指事前可预言的现象，即在准确地重复某些条件下，它的结果总是肯定的，一般用代数、几何、微分方程等数学工具研究；随机现象是指在一定条件下进行试验或观察会出现不同的结果，而且每次试验之前都无法预言会出现哪一个结果，一般用概率论、统计学等数学工具研究；模糊现象是指事物本身的含义不确定的现象，一般用模糊数学等数学工具研究。器材故障绝大部分为随机故障，也就是随机现象；器材到寿是由计划飞行任务量和剩余寿命决定的，所以是确定现象；携行需要根据机群规模、任务方向数量、任务科目和器材故障率来确定，其中机群规模、任务方向数量、任务科目是确定现象,故障则是随机现象;维护保养需要消耗多少器材一般由下一年度的定检科目和定检器材决定,因此这也是一种确定现象。但是,目前现有研究没有系统研究过上述四种航空装备维修器材的需求规律及其需求的预测方法。笔者认为,故障消耗、维护保养消耗应依据过去的故障数据预测,其故障数据中不能包含到寿以及加改装等产生的非正常消耗量,这些都是现有文献没有考虑的问题。其次,产生到寿消耗的是有寿件——即器材履历本上有明确寿命控制要求的器材,其到寿消耗具有批次性,只能依据当前装机器材的剩余寿命和未来的计划飞行任务量进行预测。最后,现有文献将任务携行量作为库存限额上下限的差额,这是不符合器材供应保障要求的。实际上,为确保任务完成,有些器材即使可能不发生故障但也必须携带,所以任务携行量应作为必须储备的周转器材计入库存限额的下限。

5) 消耗标准计算方法不符合部队实际

现有文献中可修件的消耗标准实际计算的是周转量而不是实际消耗的数量。事实上,消耗标准是指一定条件下一架飞机一年飞行训练所消耗器材的数量。消耗件的消耗标准就是一年的消耗数量,而可修件的消耗标准应是因无法修复或无修理价值等原因导致不可使用的数量,即年均(待)报废数。因此,现有文献消耗标准的计算方法不符合装备发展部关于消耗标准拟制的相关要求。另外,消耗标准必须与近几年实际消耗情况基本一致,所以应把所测算的消耗标准总经费与年均实际消耗经费基本一致作为评估消耗标准合理性的一个重要因素。但是,现有文献没有考虑经费这一约束条件,结果就可能会导致预测的消耗标准总经费与每年实际需要投入的保障经费有较大出入。

6) 所构建的测算模型具有一定的局限性

现有文献所构建的相关测算模型都有一定的假设条件,没有给出假设以外情况下的处理方法,导致在实际应用时模型会有一定的局限性。另外,现有文献基本没有考虑一线部队保障人员的丰富经验对标准拟制工作的重要性,没有通过定性分析方法设置适当的修正参数以对模型进行定性调整,所以不能对测算结果进行适应性改进,导致所建模型与测算结果与部队保障实际不太相符。

7) 战储标准制订方法缺乏系统性研究

一些文献提出应根据航空兵部队的作战任务和部署情况,结合作战需求,在深入研究、充分论证的基础上,应优化储备结构,根据参战机型及作战任务的需要确定储备品种,制订切合实际的战储标准。但是,没有文献对战储标准的制订方法进行专门研究,研究方向比较分散、不够系统,研究内容与我军器材保障实际不太相符。战储标准是战前精准筹措、战时器材供应保障的主要依据，其制订方法是我军急需研究掌握的重要内容。为了满足我军未来作战航空装备维修器材保障需要，必须加大力度、切实推进战储标准制订方法的系统性研究，包括战储标准器材品种的确定方法和器材数量的测算方法，以为我军战储器材筹措、战储库存建设提供科学合理的依据。

第3章

需求分析

3.1 标准制订影响因素

弄清不同筹措供应标准制订的影响因素是下一步不同标准器材项目筛选和器材数量建模测算的基础,否则考虑因素不全,所制订标准就会与实际不太相符。不同筹措供应标准制订的影响因素有所区别,下面从影响消耗标准、可量化统计的因素,影响周转标准和库存限额标准、可量化统计的因素,影响战储标准、可量化统计的因素,以及难以量化统计的因素四个方面来分析影响标准制订的相关因素。

一是影响消耗标准、可量化统计的因素,主要包括器材的历年故障或发付数、年均实际消耗数、未来三年到寿数、单机安装数、单价,年购置经费,历年的装备实力、飞行任务量,装备完好性要求等。未来三年到寿数中的“未来三年”是指从统计数据的当前年度的下一年度开始后的三年,当前年度不算,这是因为当前年度制订的标准只有在该年年底采购器材时才能用到,因此预测该年度的到寿数没有意义。

二是影响周转标准和库存限额标准、可量化统计的因素,主要包括器材的历年故障或发付数、未来三年到寿数、单机安装数、单价,装备实力、飞行任务量、装备完好性要求,以及供货周期、送修周期、任务携行量等。

三是影响战储标准、可量化统计的因素,主要包括器材平时的故障率、单机安装数和装备实力、飞行任务量,以及作战时限、战损率、战时维修更换率、战时飞机出动强度等。

四是难以量化统计的因素,主要包括是否进口机型、改装前后故障率变化、器材修复率、质量与可靠性、装备工作环境、飞行员飞行技能、机务维修水平、现场排故、离位检查、故障数据与器材目录无关联等因素对各筹措供应标准的影响。

下面对上述影响因素进行详细阐述。

1）故障或发付数

一般来说，装机器材故障多少，外场则更换多少，航材股或军械股则发付多少。但是，由于一部分故障件拆下后会直接送部队修理厂或工厂修理，航材股或军械股并无发付记录，机务大队质控室的故障数据中则包含这些器材的故障更换记录；同时，机务大队质控室的故障数据一般没有零件的故障记录，而航材股或军械股则有其发付记录。因此，原则上成件优先采用机务大队质控室的故障数据进行统计，零件优先采用航材股或军械股的发付数据进行统计。

2）年均实际消耗数

年均实际消耗数是指每年平均消耗掉的数量，其中，可修件的年均实际消耗数是指每年平均因无法修复或无修理价值等原因导致不可使用的数量，一般根据器材历年的（待）报废数据进行统计；消耗件的年均实际消耗数是指年均发付数。

3）送修周期和供货周期

送修周期是指一项器材从送修到修返所用时间，供货周期是指一项器材从申请订货到收货所用时间。送修周期越长，所需周转量越大，反之则所需周转量越少。同样，供货周期越长，所需周转量越大，反之所需周转量越少。由于本标准主要用于年度订货，因此本书主要考虑供货周期超过一年的情况。一般来说，进口器材供货周期和送修周期都比较长，其周转量的测算应考虑这两个因素的影响。考虑到故障大小不同会导致送修周期长短不同，所以送修周期应在统计的平均送修周期的基础上再适当调高一些。

4）未来三年到寿数

有寿件包括有寿命要求的消耗件和可修件，前者的消耗标准应包括到寿的数量和未到寿提前因故障更换的数量，后者的消耗标准应包括到寿报废的数量和未到寿提前故障但又无法修理或无修理价值的数量。由于有寿件到寿具有批次性，其消耗有可能某一年成批大量到寿，因此应提前预测、及早决策、及时筹措。由于提前三年掌握到寿情况基本能够满足有寿件的筹措供应需要，而三年内用不上即为积压呆滞器材，徒然增加订货费、维护费等库存成本，不符合当前现代化战争条件下器材保障的精确化要求，所以本书在制订消耗标准、周转标准、库存限额标准时仅提前预测未来三年的到寿数。标准拟制工作要求形成滚动修订机制，所以每年都能够获得实时、准确的未来三年到寿数，这样就可以确保做好到寿器材保障工作。

5）任务携行量

遂行驻舰、驻岛、转场、演习等任务时需要携带维修器材，主要根据器材故障率、飞行任务量、机群规模、任务方向数量、任务科目等因素确定携行器材的项目和数量，原则上任务携行量以一年内同时出动任务所需携行器材数量的最大值为准。这部分需求应纳入周转库存保障范围。

6）单价与年购置经费

对于没有审价的器材，原则上以工厂暂定价为准；如果连工厂暂定价也没有，则根据相似器材来估价。这样可以基本保证所制订的消耗标准总经费与实际消耗基本一致，可以作为航空装备维修保障计划拟制的重要参考。另外，一些可修件没有年均实际消耗数的统计数据，可根据故障率、修复率、单价等因素估算其消耗标准。

7）单机安装数

单机安装数是器材在一架飞机上装机使用的数量，是计算故障率的重要指标之一。一般来说，单机安装数越多，其故障越多；反之，则故障越少。

8）装备实力

装备实力是一个机型的机群规模，是计算故障率的重要指标之一。一般来说，装备实力的大小，直接影响维修器材消耗数量。装备实力越大，器材故障越多；反之，器材故障越少。

9）飞行任务量

飞行任务量指标主要包括飞行时间、起落次数。一般来说，飞行时间、起落次数与器材故障数之间存在如下正相关关系，即：飞行时间、起落次数越多，器材故障越多；反之，则故障越少。另外，飞行时间与起落次数之间存在如下的正相关关系，即：飞行时间越长，起落次数越多；反之，则起落次数越少。

飞行时间包括两种情况：一是年飞行时间；二是飞行训练科目的执行时间。一般来说，后者对任务系统器材更准确。飞行训练科目的执行时间反映的是相应的任务系统器材的使用强度。但实际上，只要飞机有飞行任务，没有执行的飞行训练科目所对应的任务系统器材依然会受到一定程度的影响，尤其是飞行任务执行过程中产生的振动、辐射、热量、高空环境、通电操作等对机载设备器材的影响很大。

综上所述，起落次数、飞行训练科目的执行时间对器材故障和消耗的影响一定程度上反映在飞行时间因素中。另外，根据飞行时间测算的故障率以及所制订的标准与实际情况也基本相符。因此，本书主要考虑飞行时间对器材消耗的影响。

10）不缺件概率要求

不缺件概率是随时能满足供应的概率，用于评估周转备件的保障效能。在很多国内外研究文献中，一般将不缺件概率水平设置为 90%～92%。由于周转标准为确保供应不间断的最低周转量，而且根据对各型飞机维修器材周转标准定量测算结果的分析，本书最终将器材不缺件概率水平设置为 90%。

另外，满足率也可以作为备件保障效能指标，它和不缺件概率的唯一区别就是，它不考虑库存为零时满足外场需求的概率，而不缺件概率则考虑了库存为零的情况，但其应用效果基本一致。

11）装备完好性要求

对器材保障部门来说，一般要求一型飞机的航材保障良好率不能低于 95%。要达到这个目标，关键是建好周转库存，这就需要做好平时的器材筹措供应标准拟制工作并依据其建设周转库存。需要说明的是，有些人认为只用消耗标准就可以满足器材供应保障需要，这是错误的。事实上，按消耗标准采购器材的目的是在初始库存、周转库存建好后，针对每年的消耗进行相应的补充，使每年年初的库存储备始终保持一定的水平，确保供应不间断。如果初始库存、周转库存没有建好，那么每年的采购经费必须留出一部分用于建设初始库存、周转库存，剩余经费再用于补充消耗的器材，否则很多器材尤其是高故障率、高价值可修件的储备量是满足不了周转的需要的。因此，初始库存、周转库存的建设经费一般应单列，其中，初始备件可以按照工厂意见进行筹措，周转备件则按照库存限额标准进行筹措。初始库存与周转库存都建设完毕以后，才能按消耗标准进行筹措。

另外，对于小机群、服役时间较短的机型，一般要求达到更高的航材保障良好率。因此，要做好其器材供应保障工作，其标准要比其他机型高一些。

12）是否进口机型

一般来说，进口机型维修器材的供货周期与送修周期都比较长，同时国内难以找到替代器材，所以这类机型维修器材的筹措难度比国产机型大得多。因此，为做好进口机型维修器材的供应保障工作，就必须加大器材的储备，一是器材范围要尽量覆盖可能发生故障的器材，二是器材件数要比国产机型适当高一些。具体来说，进口机型维修器材的周转标准、库存限额标准、战储标准应根据实际需要适当高一些，其消耗标准不用考虑该因素。

13）改装前后故障率变化

有些器材改装前故障率较高，改装后故障率变得很低，对于这种情况，改装前的故障或发付数据就不能再使用了,否则会造成消耗标准偏高。

14) 器材修复率

服役多年的机型,机件老化严重,很多器材发生的故障无法修理,也有很多故障件工厂不予修理,所以这些机型维修器材的修复率较低。新机型也有些器材因发生的故障较大而导致无法修复。修复率低的器材的标准应高一些,反之则应低一些。对于工厂不予修理的可修件可以转为消耗件来估算其筹措供应标准。

15) 质量与可靠性

据统计,约89%的故障都是随机故障,其中可靠性较低的器材在某一年随机发生大量故障的概率比较大,其消耗标准不仅需要考虑故障的集中程度,还要考虑离散程度。关键重要器材、高价值器材、有寿件是器材保障工作的重点,其质量与可靠性的好坏,直接影响消耗数量,所以这些器材是筹措供应标准拟制需要重点考虑的对象。

16) 装备工作环境

气候地理条件、飞机跑道维护水平等装备工作环境差的,器材故障多,器材筹措供应标准就高。例如,南方沿海机场,一般高温、高湿、高盐,器材容易腐蚀,可靠性会有所降低,器材更换频率要比内陆地区高;又如,飞机跑道维护差的,轮胎等器材的消耗就比较大,等等。

17) 飞行员飞行技能

若飞行员飞行技能较差,会造成飞机着陆剧烈,这对飞机起落架、着陆灯以及一些精密的机载设备等器材可能造成一定的损害,从而导致器材消耗增加。

18) 机务维修水平

机务维修水平越高,人为误操作导致的故障越少;否则,机务维修水平越低,人为误操作导致的故障越多。目前,机务维修力量逐渐增强,很多故障已经可以通过现场排故方式消除,减少了器材消耗。

19) 现场排故与离位检查

现场排故产生的故障记录没有造成器材消耗,原则上不应统计。但是考虑到器材的故障情况难以预料,谁也无法保证故障能够排除,因此也可以把这种情况造成的故障统计在内。根据该数据测算的消耗或周转数会偏大一些,这样会使器材的供应更有保证。但是,对于现场排故情况较多的器材,在统计故障数时应将这样的情况排除,建议以航材的发付数据或送修数据为准。

离位检查是指一些器材需要拆卸或分解后进行检查。离位检查过程中,器材可能会发现故障,也可能没有故障,不论哪一种情况都会消耗一部分标准件或专用零件,这种消耗因离位检查的科目、每年检查的器材不同而大不相同。对于离位检查过程中消耗的器材,如果是标准件则不制订标准,如果是专用零件则按年实际消耗情况适当增大周转量,不需要再另外考虑离位检查对标准的影响。

20)战时消耗影响因素

战时消耗影响因素主要包括自然消耗因素与战损消耗因素,自然消耗因素与平时故障消耗因素基本相同,战损消耗因素主要包括作战时限、战损率、战时维修更换率、战时飞机出动强度等。

21)其他因素

机务大队质控部门录入器材故障数据时没有从器材保障部门的器材目录中选择器材项目,而是手动输入器材名称、型号,导致故障数据中的器材名称、型号不统一,同一项器材可能会有多个名称、型号,因此在根据机务大队质控室的故障数据统计故障数时容易造成一定的误差。一般情况下,统计成件的故障数时以机务大队质控部门的故障数据为准,如果它与器材保障部门的发付数据或送修数据差异较大,则由器材保障人员在与机务人员沟通后从其中选择一个比较准确的数据源来统计。

综上分析,影响器材标准制订的因素有很多,所以在标准制订过程中需要尽量考虑全面,以确保所制订标准与实际需求相符。

3.2 信息要求与约束条件

本书是根据系统工程方法来研究器材筹措供应标准制订方法的。系统工程方法是一种现代的科学决策方法,也是一门基本的决策技术。系统工程方法把要处理的问题及其有关情况加以分门别类、确定边界,又强调把握各门类之间和各门类内部诸因素之间的内在联系和完整性、整体性。在此基础上,它没有遗漏地有区别地针对主要问题、主要情况和全过程,运用有效工具进行全面的分析和处理。根据系统工程方法,任何数学模型都是有边界的,只有将定量测算和经验调整结合起来,才能做好器材筹措供应标准制订工作。因此,笔者提出能定量评估的因素尽量纳入数学模型,以最大限度地提高定量测算的准确性,这是标准制订的主要工作;对于难以量化评估的因素,则只能由部队人员根据经验进行修正,这是标准制订的重要工作,也是必不可少的工作。下面主要介绍测算模型的信息要求与约束条件。

1）器材消耗模型

（1）输入数据：历年的故障数，年均实际消耗数、未来三年到寿数、单机安装数、单价，历年的装备实力、单机年飞行时间，现有装备实力、单机年计划飞行时间等。

（2）输出数据：现有装备实力维修器材的年消耗量标准。该标准除以装备规模后即为单装消耗标准。

（3）评估指标及约束条件：年消耗量标准不高于年周转量标准，消耗标准总经费与实际年均消耗情况基本一致。

另外，GJB 8257—2014 第 B.5 条规定，单装年消耗标准的总经费占单装购置价的 5%，但是与实际不符。例如，某型飞机单装购置价约为 1 亿元，根据该国军标，该型飞机的年消耗标准总经费应为 0.05 亿元。但是实际上，该型飞机每年用于补充消耗的器材购置费约 0.01 亿元，远少于 0.05 亿元。对该型飞机维修器材保障工作来说，在没有应用筹措供应标准的情况下，历年保障实际表明，0.01 亿元基本够用。应用筹措供应标准后，也主要是对库存结构进一步优化，使经费配置更加科学合理，但总经费不会变化太大。如果按照该国军标要求，则一架飞机需要再增加 0.04 亿元器材购置费，如果这样做，一方面必然会造成经费的大量浪费，另一方面我军军费也无法承担这么高的费用。笔者认为，保障经费是与装备可靠性成反比的，而该国军标没有考虑装备系统可靠性的问题，只是简单地规定单装消耗标准经费占单装购置价的 5%，显然是不符合实际的。因此，本书对该国军标关于消耗标准经费的规定不予采用，而主要根据不同机型的服役年限以及器材的年实际消耗情况等因素确定相应的年消耗标准经费规模。

2）器材周转模型

（1）输入数据：历年的故障数，未来三年到寿数、单价、单机安装数、供货周期、送修周期、任务携行量，历年的装备实力、单机年飞行时间，现有装备实力、单机年计划飞行时间等。

（2）输出数据：现有装备实力维修器材的基本年周转量。

（3）评估指标及约束条件：不缺件概率≥90%，周转标准的总经费与供应保障目标水平相符。

根据国内外相关研究，不缺件概率一般为 90%～92%，可基本满足器材保障部门的要求。笔者在运用模型测算航空装备维修器材周转标准时发现，如果采用“不缺件概率≥92%”会有相当数量的可修件的周转量偏大，而采用“不缺件概率≥90%”所测算的周转量总体上则比较合理。所以本书最终确定器材的不缺件概率不低于 90%。但是，考虑到部队对价格较低的器材，一般不会按实际所需的周转量购买,每次购买量是实际周转需求的两三倍。因此,在实际工作中,可以在“不缺件概率≥90%”条件下测算的周转量基础上,结合单价、消耗量等因素,通过大量实际案例的反复测算、调试获得适当的调整系数,这样可以使周转标准更加合理。

另外,GJB 8257—2014 第 B. 6 条规定,单装基地级周转供应标准的总经费占单装购置价的 10%~11%,大多数机型的周转标准总经费和该规定基本相符。笔者认为可以参考该约束条件,但还需要根据机型的服役年限、机型的重要性、是否进口机型、器材的实际消耗情况等因素控制相应的年周转标准经费规模。由于实际在制订器材筹措供应标准时是根据全海军需求制订的,所以本书不再考虑基层级和中继级周转供应标准的经费规模与单装购置价的比例,读者如有需要请参考 GJB 8257—2014 的相关规定。

3) 周转优化模型

(1) 输入数据:器材的故障率、单机安装数、基本年周转量、现有装备实力等。

(2) 输出数据:现有装备实力维修器材的最终年周转量标准。该标准除以装备规模后即为单装周转标准。

(3) 评估指标及约束条件:在一定保障经费条件下达到规定的航材保障良好率水平。如果所制订的周转标准所达到的航材保障良好率水平能够满足要求,就不需要再投入经费;否则,应在配置经费限额内进一步优化周转量,直到满足航材保障良好率要求为止。一般情况下,航材保障良好率不能低于 95%是各型飞机器材保障水平的最低要求,但小机群机型、特种机型等需要重点保障的机型的航材保障良好率可以视情提高其目标水平。实际应用效果表明,该模型优化的主要是价格不太高的器材的年周转量,对年周转标准经费规模影响不太大。

4) 库存限额模型

(1) 输入数据:现有装备实力、单装消耗标准、单装周转标准等。

(2) 输出数据:现有装备实力维修器材的年库存限额标准。该标准除以现有装备实力后即为单装库存限额标准。

(3) 评估指标及约束条件:库存限额下限可以基本确保外场需求得到不间断的供应,上限不会造成积压呆滞。

5) 战储模型

(1) 输入数据:平时器材的故障率、单机安装数,现有装备实力、单机年计划飞行时间,参战装备规模、作战时限、战损率、战时维修更换率、战时飞机出动强度等。

(2) 输出数据:一定规模装备、一定作战期限内维修器材的战储标准。

(3) 评估指标及约束条件:自然故障累积概率≥90%,战损累积概率≥90%。另外,GJB 8257—2014 第 B.7 条规定,战储标准总经费占周转供应标准总经费的 80%。笔者认为可以参考该约束条件,但还需要根据是否进口机型、战储库存与周转库存要有一定的互补性等因素,确定不同机型的战储标准经费规模。

第4章

研 究 方 法

4.1 标准制订的技术路线

筹措供应标准制订的技术路线如图 4.1 所示。

4.2 标准器材项目的筛选方法

平时的筹措供应标准包括消耗标准、周转标准、库存限额标准，其中，库存限额标准与周转标准的器材项目相同，其器材项目排除过去无消耗且未来三年无到寿的器材后即为消耗标准器材项目。因此，确定平时的筹措供应标准器材项目的关键是筛选出平时需储备的周转器材项目，周转器材项目即为周转标准和库存限额标准的器材项目。战储标准器材项目的筛选就是确定一定作战期限内所消耗器材的项目。

周转标准、战储标准面向的保障任务不同，所需器材的范围有所区别，对此应注意区分。其中，周转标准主要以飞机器材中的附成件、组件为主，一般不包含成套系统、标准件、发动机、副油箱、伞具、四站器材、物资器材、工具、仪器、设备等；与周转标准相比，战储标准则以成套系统为主，不包含橡胶件、标准件、发动机、副油箱、伞具、四站器材、物资器材等。

器材的范围界定以后，并不表示该范围内的器材都需要储备，还应该根据实际需要进一步确定应储备的器材项目，排除不需要储备的器材项目，目的是尽量避免不需储备的还进行采购甚至是大量采购而导致器材积压和经费浪费。周转

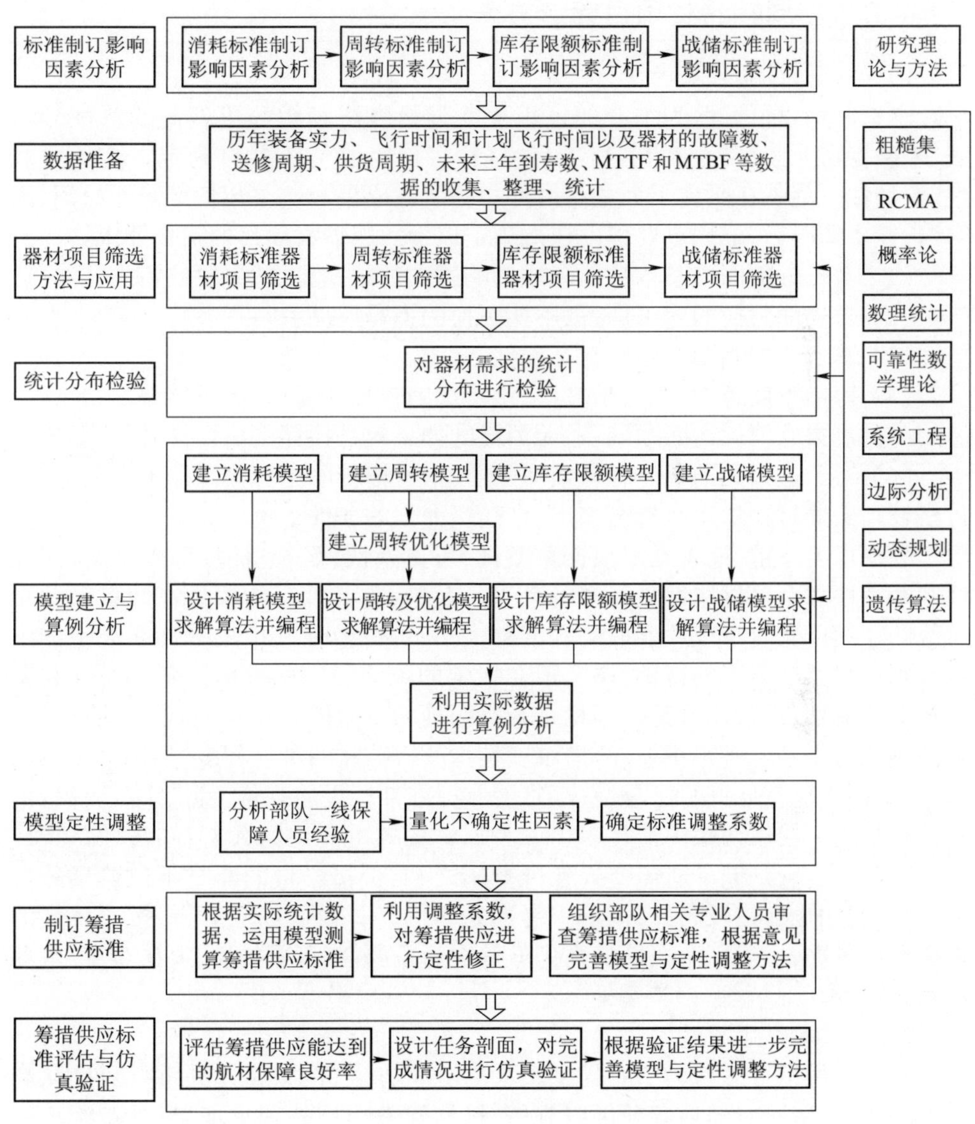

图 4.1　筹措供应标准制订的技术路线图

器材与战储器材项目的筛选方法基本相同,但也有不同之处。下面,本书运用属性分析法对周转器材与战储器材项目的筛选方法进行比较研究。

4.2.1 周转器材项目筛选方法

1) 器材项目筛选要求

本书利用以可靠性为中心的逻辑决断分析方法和粗糙集理论的属性分析法,来确定需要制订标准的器材项目,这样可以克服传统器材确定方式的主观性、盲目性。笔者在研究了大量国内外相关研究成果和航空装备维修器材消耗、筹措、储备情况后,根据重要程度依次确定以下六点器材项目的筛选要求:

(1) 对任务剖面内基本功能完成影响越大的越重要,越需要储备。

(2) 外场能更换的才可储备,不能更换的不需要储备。

(3) 有寿命控制要求的器材必须储备。

(4) 筹措难度越大,尤其是进口、供货周期较长的器材,需要储备。

(5) 过去有消耗的必须储备,无消耗的如果容易损坏则需要储备。

(6) 对于过去无消耗但容易损坏的器材,价格低的比价格高的更需要储备,价格较高的器材如果军事价值突出,在经费允许的条件下也应储备。

根据以上要求,笔者提出根据重要性、可更换性、是否控寿、筹措难度、消耗性和经济性六个器材属性进行器材分类。其中,重要性是指器材在装备系统中所起的作用以及对系统性能影响程度的大小;可更换性是指故障件在规定的维修级别可以拆装更换的特性,决定了在指定的维修级别通过更换备件排除装备故障的可能性;是否控寿是指器材是否有明确的寿命控制要求,如果有明确的寿命控制要求则到寿必须更换;筹措难度是指获得器材的难易程度,如标准件可以市购,筹措难度就低,而工厂没有存货的非标准件要提前订货,筹措难度就高;消耗性是指规定使用期限内消耗多少或者器材失效可能性的大小;经济性是指成本、价格的大小,是储备所需要的各项费用之和,价格昂贵的器材不仅购置经费高,库存费用也往往较高,应该慎重考虑是否储备。根据以上分析,按照属性的重要程度排序,上述六个属性从高到低依次为重要性、可更换性、筹措难度、消耗性和经济性。

2) 器材项目筛选过程

本书利用以可靠性为中心的逻辑决断分析方法,按照属性的重要程度从高到低的顺序,依次对器材逐项进行分析,最终筛选出周转器材项目,其逻辑决断过程如图 4.2 所示,具体步骤如下:

(1) 分析重要性:根据是否影响任务剖面内基本功能的完成来区分,如果不影响任务剖面内基本功能完成则不储备,否则需要继续分析下一属性。

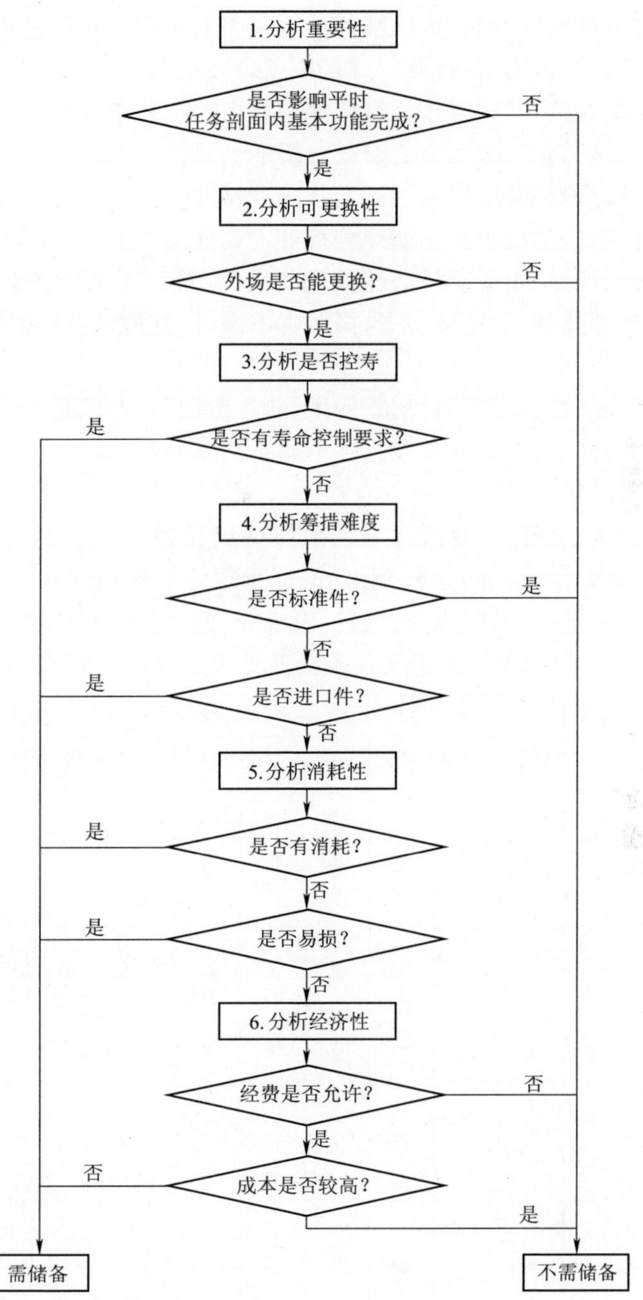

图 4.2　周转器材项目逻辑决断图

(2) 分析可更换性:根据部队维修能力,按照外场是否能更换来区分,如果不能更换则不储备,否则需要继续分析下一属性。

(3) 分析是否控寿:按照是否有明确的寿命控制要求区分,如果有明确的寿命控制要求则必须储备,否则需要继续分析下一属性。

(4) 分析筹措难度:按照是否标准件、进口件区分,如果是标准件则不储备,进口件则储备,其他情况则需要继续分析下一属性。

(5) 分析消耗性:根据器材消耗或失效情况,按照是否有消耗、容易损坏区分,其中有消耗则储备,无消耗、不易损坏则不储备,其他情况则需要继续分析下一属性。

(6) 分析经济性:根据器材购置费用、储存费用等,按照是否成本较高区分,在经费允许的条件下,如果成本较高则不储备,否则应储备。

3) 确定器材项目初稿

下面以 A 型飞机的典型器材为例来说明周转器材项目的确定方法,如表 4.1 所列。综合考虑历年的故障、到寿、消耗和送修等数据,同时兼顾任务携行、多地保障的需要,进一步修正器材项目,形成周转器材项目目录初稿。

表 4.1 A 型飞机周转器材项目确定实例

逻辑推断过程	典型器材									
	减速板	起落架	动盘	轮胎	拉杆	液压泵	无线电罗盘	专用螺栓	铆钉	飞机盖布
1. 分析重要性										
是否影响任务剖面内基本功能完成?	是	是	是	是	是	是	是	是	是	否
2. 分析可更换性										
外场是否能更换?	是	是	是	是	是	是	是	是	是	
3. 分析是否寿控										
是否有寿命控制要求?	否	是	否	是	否	是	否	否	否	
4. 分析筹措难度										
a. 是否标准件?	否		否		否		否	否	是	
b. 是否进口件?	否		否		否		是	否		
5. 分析消耗性										
a. 是否有消耗?	否		是		否			否		
b. 是否易损?	否				否			是		
6. 分析经济性										

（续）

逻辑推断过程	典型器材									
	减速板	起落架	动盘	轮胎	拉杆	液压泵	无线电罗盘	专用螺栓	铆钉	飞机盖布
a. 经费是否允许?	是				是					
b. 成本是否较高?	是				是					
结论:是否储备?	否	是	是	是	否	是	是	是	否	否

4）确定器材项目终稿

发挥器材保障专家的经验,对周转器材项目初稿进行分析、论证,进而确定周转标准和库存限额标准的器材项目目录。

周转标准和库存限额标准器材中除去过去无消耗且未来三年无到寿的器材,剩余器材即为消耗标准的器材项目。

4.2.2 战储器材项目筛选方法

战储器材与周转器材项目有所不同,主要区别包括:

（1）周转器材以平时常用飞机器材为主,战储器材则还需要纳入作战所需的器材。

（2）周转器材以飞机附(成)件为主,成套系统仅考虑有消耗或有潜在故障隐患的分组件,战储器材则以成套系统为主。

（3）周转器材应包括轮胎、软管等橡胶件,战储器材则不包括这些器材。

（4）周转器材一般不包括成套系统(平时只更换有故障的分组件,不会更换整套系统,所以基本没有供应过整套系统),只包括消耗过或者有潜在故障隐患的分组件,而战储器材则从尽可能确保作战战斗力不受器材缺件影响的角度出发考虑,要求器材项目尽量全,所以以成套系统为主。对于成套系统中故障率高的分组件,其器材项目可以单列,以便于制订其数量标准。

在筛选战储器材项目的逻辑推断过程中,应注意战储器材与周转器材项目的上述差异。

战储器材项目的逻辑决断过程如图 4.3 所示。由图可见,战储器材项目筛选时还需要对是否为橡胶件和成套系统进行判断,在确定飞机器材相关项目时,应注意这些与周转器材明显不同的地方。其他已经明确界定范围的器材不需要再采用属性分析法进行判断。

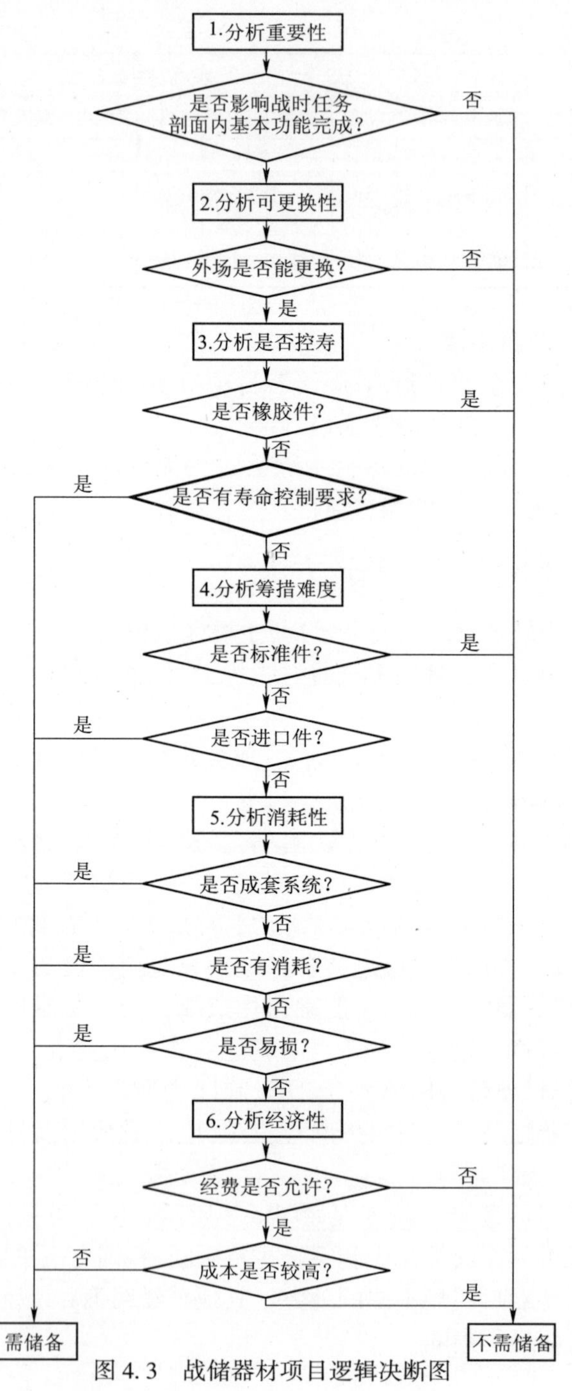

图 4.3　战储器材项目逻辑决断图

4.3 标准器材数量的制订方法

4.3.1 标准器材数量制订的基本路线

1）单装消耗标准器材数量制订的基本路线

单装消耗标准器材数量制订的基本路线如图 4.4 所示。

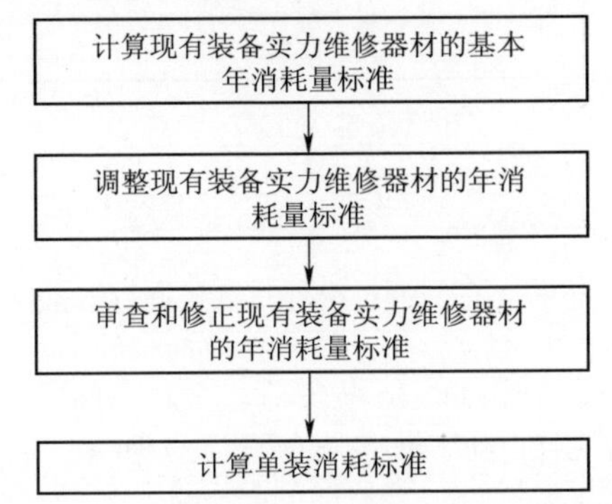

图 4.4 单装消耗标准器材数量制订的基本路线图

2）单装周转标准器材数量制订的基本路线

单装周转标准器材数量制订的基本路线如图 4.5 所示。

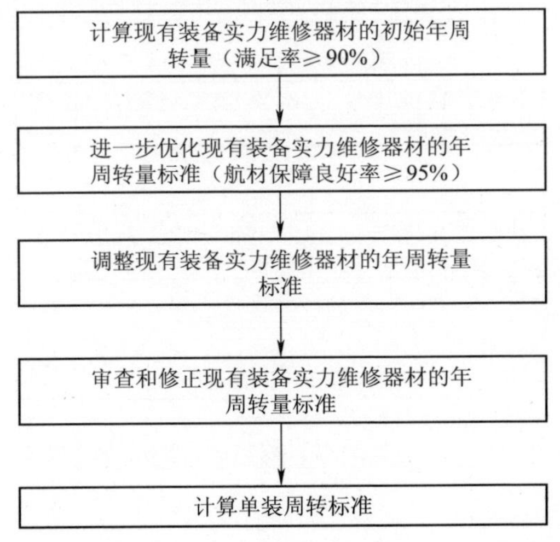

图 4.5 单装周转标准器材数量制订的基本路线图

3）单装库存限额标准器材数量制订的基本路线

单装库存限额标准器材数量制订的基本路线如图 4.6 所示。

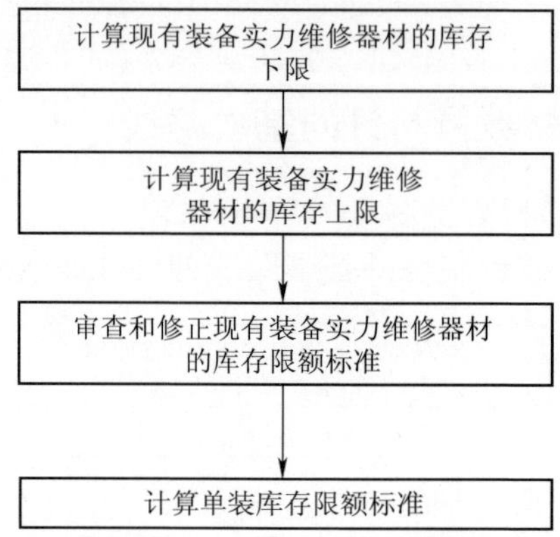

图 4.6　单装库存限额标准器材数量制订的基本路线图

4）战储标准器材数量制订的基本路线

战储标准器材数量制订的基本路线如图 4.7 所示。

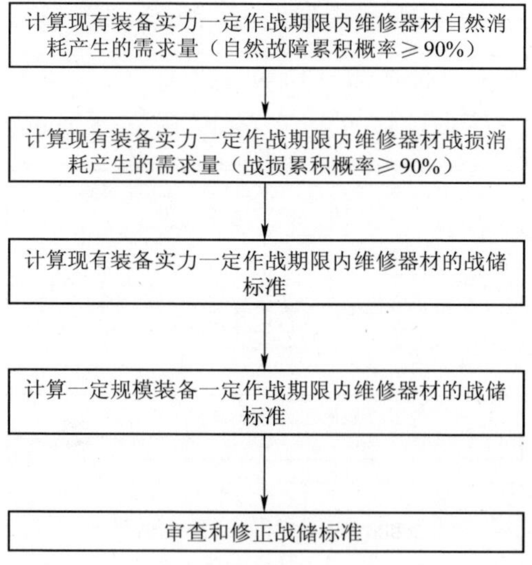

图 4.7　战储标准器材数量制订的基本路线图

4.3.2 消耗标准器材数量的制订方法

1）计算现有装备实力维修器材的基本年消耗量

消耗标准只考虑过去有消耗和未来三年有到寿的器材，其基本年消耗量包括两部分：一是根据过去的故障数据测算的故障消耗量；二是根据未来三年到寿情况计算的到寿消耗量。

(1) 故障消耗量。

首先，利用历年的故障数、单机安装数，历年的装备实力、单机飞行时间，单机年计划飞行时间等数据计算平均故障率、最大故障率。需要说明的是，在计算故障率时，新机型刚开始服役的前一两年会出现故障率过大的情况，主要原因是服役机群规模较小或者单机飞行时间太少，这会导致器材的故障率过大。该故障率属于异常情况，不能用于计算消耗标准。

然后，考虑装备服役时间、机群规模等因素，利用平均故障率、最大故障率进行加权求和，计算最终故障率。如果历年的故障数的集中程度较大，平均故障率的权系数应高一些；但如果历年的故障数的离散程度较大，最大故障率的权系数则应高一些。

其次，根据最终故障率、现有装备实力、单机年计划飞行时间等计算故障消耗量。需要注意的是，刚开始服役时飞行任务一般不确定，飞行时间一般比较少，与常态下的实际任务量不符，不能用于计算单机年计划飞行时间指标。笔者在对各种机型的飞行任务数据进行分析后，采用新信息优先原理，通过对近几年飞行时间加权求和的方式来计算单机年计划飞行时间，时间越近赋予权值越大。

设：

- $\hat{t}$ 为单机年计划飞行时间（单位：h）。
- t_i 为第 i 年的单机飞行时间（单位：h）。
- ω_i 为第 i 年的单机飞行时间权系数。
- Q 为数据统计年数。

则单机年计划飞行时间为

$$\hat{t} = \sum_{i=1}^{Q} \omega_i t_i, \sum_{i=1}^{Q} \omega_i = 1 \text{ 且 } 0 \leqslant \omega_{j-1} \leqslant \omega_j, j = 2,3,4,\cdots,Q+1 \tag{4.1}$$

根据工程经验，取近两三年的单机飞行时间计算单机年计划飞行时间比较合适，具体采用几年的数据计算单机年计划飞行时间应根据各型飞机的服役年限和任务情况来确定。

最后，计算可修件的年故障消耗量。可修件的消耗标准是实际消耗掉的数量，所以其年故障消耗量应以年均实际消耗数为准。但是，很多可修件并没有统计年均实际消耗数，对于这部分器材，应根据飞机老旧程度、价格、消耗量等因素，设置适当的报废系数，该报废系数乘以故障预测值即为可修件的年故障消耗量。

(2) 到寿消耗量。

到寿消耗量的计算包括两种情况：一是消耗件，其到寿消耗量为未来三年到寿数的平均值；二是可修件，其到寿消耗量为未来三年到寿周转数的平均值乘以报废系数。

2) 调整现有装备实力维修器材的年消耗量标准，形成初稿

(1) 根据装备服役时间调整年消耗量标准。

装备服役时间对器材消耗标准有一定的影响，因此为了使消耗标准能够满足未来2~3年的消耗需求，本书根据装备服役时间对基本年消耗量进行适当调整(周转量按同样的方法调整)，具体方法如下：

一是服役两年左右的机型：其消耗标准一般在基本年消耗量的2~3倍之间取值。

二是服役3~5年的机型：服役3~5年的机型的器材消耗一般呈明显的上升趋势，之后才开始趋于稳定，其消耗标准一般在基本年消耗量的1~2.5倍之间取值。

三是机群规模较小的老机型：器材消耗较少，但是因为需要重点保障，所以要确保飞机完好，就必须将其标准适当提高，其消耗标准一般在基本年消耗量的1.5~2.5倍之间取值。

四是近年机群规模增大的机型：为满足其消耗应适当将其标准制订得高一些，其消耗标准一般在基本年消耗量的1~1.5倍之间取值。

(2) 根据报废系数调整年消耗量标准。

首先根据飞机老旧程度、价格、消耗量等因素制订器材的报废系数，然后再利用报废系数来调整基本年消耗量。其中，消耗件的报废系数以及过去有(待)报废统计数据的可修件的报废系数均为1，过去没有(待)报废统计数据的可修件的报废系数的制订原则如下：

一是年均故障数越高，报废系数越大；否则，报废系数就越小。

二是价格越高，修理价值就越高，报废系数越小；否则，修理价值就越低，报废系数就越大。需要注意的是，在按单价设置报废系数时，一些总体单价不高的机型，应根据其实际单价分布划分区间。

三是老旧飞机服役时间长，一些可修件送修后，工厂不予修理，几乎相当于

消耗件,其报废系数可以设置为略低于 1 或等于 1 的值。

四是对于装备实力变化较大的飞机,应针对其实际情况设置调整系数。因为飞机是陆续批次服役的,有些机型会在两三年内批次大量列装,其装备实力变化较大,那么其器材消耗趋势与装备实力变化不大的机型相比显然是不同的,因此应针对性地设置其调整系数。

上述相关参数应在对各种机型基础数据进行深入分析的基础上,综合考虑各种影响因素,经过反复、大量测算来确定。

3) 审查和修正现有装备实力维修器材的年消耗量标准

由部队相关专业人员根据经验对消耗标准初稿进行审查,并制订适当的调整系数进行修正,主要方法如下:

(1) 有些机型的飞行任务量比较平稳,其中有的机型的飞行任务量较大,也有的则较小;另外,还有些机型的飞行任务量近几年一直增加或未来几年会逐年增加,因此应根据任务量大小和变化趋势适当调整其消耗标准。

(2) 有些器材由于装机使用时间很长,耗损严重,导致近年故障大幅增多,应适当提高其消耗标准。

(3) 有些器材虽然过去是可修件,但由于近几年发生的都是无法修理的故障或者工厂不予修理,其消耗标准应按消耗件制订。

(4) 对于同一型装备有多个技术状态的,应根据装备的技术状态及其相应的装备实力适当调整其消耗标准。

4) 计算单装消耗标准

用现有装备实力维修器材的年消耗标准终稿除以装备实力即得到单装消耗标准。

4.3.3 周转标准器材数量的制订方法

1) 计算现有装备实力维修器材的年周转量标准

首先,根据器材的故障率、送修周期、供货周期、到寿等因素,假设器材故障数服从泊松分布,以不缺件概率达到一定水平为约束,建立周转模型,测算基本年周转量。周转模型中故障率的计算方法同消耗标准。

然后,根据基本年周转量、送修周期、单机安装数、现有装备实力、器材项数等因素,假设器材故障数服从泊松分布,以航材保障良好率达到一定水平为约束,建立周转优化模型,测算年周转量标准。因为过去无消耗器材、低价消耗件的周转标准能满足实际周转需要,因此在周转量优化过程中不考虑过去无消耗器材、低价消耗件。另外,到寿需求是可以基本确定的,其数量标准也能满足到寿消耗需要,所以在周转量优化过程中也不考虑到寿需求,而是主要考虑故障需求。

2）调整现有装备实力维修器材的年周转量标准,形成初稿

（1）对于任务方向较多的机型,其维修器材的周转标准不能仅根据过去消耗或未来两三年的到寿数据来制订,还必须考虑驻舰、驻岛、转场、演习等任务对器材的携行需求。这是一种非消耗性需求,即使未来几年可能不消耗,也要储备一定的周转备件,否则无法保障任务的顺利完成。

（2）各型飞机“通用器材”的年周转量应适当调低一些。因为很多器材是各型飞机通用的,尤其是可修件,其价格一般比较高,有些动部件、附成件和雷达、导航电台等机载设备的价格更是非常昂贵,其周转量太多的话,经费很难保障。这些器材的保障工作应由各军兵种分管装备的机关统筹开展,其年周转量标准需要制订调整系数,适当调低一些。

（3）消耗件的年周转量应适当调高一些。消耗件一般单价较低而且大部分基本每年都有消耗,很多消耗件的消耗量还比较大。根据部队专家意见,为便于筹措和供应保障,其年周转量应适当调大一些。

（4）机群规模较小的机型的年周转量应适当调高一些。虽然机群规模较小的机型维修器材总体消耗少,但小机群机型要保证同样甚至更高的航材保障良好率,因此,其年周转量标准应适当调高一些。

3）审查和修正现有装备实力维修器材的周转标准

由部队相关专业人员根据经验对周转标准初稿进行审查,并制订适当的调整系数进行修正,具体方法请参考消耗标准的审查和修正方法。

4）计算单装周转标准

用现有装备实力维修器材的年周转标准终稿除以装备实力即得到单装周转标准。

4.3.4 库存限额标准器材数量的制订方法

1）计算现有装备实力维修器材的库存下限

现有装备实力维修器材的库存下限是应该维持的、能够确保供应不间断的最低库存水平,能够在备件保障效能上达到不缺件概率不小于 90% 的要求、在系统保障效能上达到航材保障良好率不低于 95% 的水平。因此库存下限即为周转标准。

2）计算现有装备实力维修器材的库存上限

现有装备实力维修器材的库存上限为周转标准和消耗标准之和。其中,消

耗标准是预计每年消耗掉的数量,也就是每年器材的周转库存(包括库存数、送修数、在修数等)减少的数量,是每年应通过订货进行补充的数量。

3)审查和修正现有装备实力维修器材的库存限额标准

根据我军航空装备维修器材库存控制的需要,库存管理工作应维持最低库存水平并根据消耗及时订货补充,从这个角度出发,请部队专家逐项器材审查库存下限和上限的合理性,通过调整周转标准和消耗标准对库存下限和上限进行适当修正。

4)计算单装库存限额标准

用现有装备实力维修器材的库存限额标准终稿除以装备实力即得到单装库存限额标准。

4.3.5 战储标准器材数量的制订方法

1)计算现有装备实力一定作战期限内维修器材自然消耗产生的需求量

由于器材的故障随机性很大,战役期间自然消耗多少难以预计,其需求量应采用自然故障累积概率指标进行评估。战役期间,自然消耗的需求模型仍采用平时的故障率计算,假设器材故障数服从泊松分布,以自然故障累积概率达到一定水平为约束。最后,还需要根据战时飞机出动强度对该模型进行修正。

2)计算现有装备实力一定作战期限内维修器材战损消耗产生的需求量

战损消耗产生的需求量采用战损累计概率指标进行评估。战损消耗的需求模型也采用平时的故障率计算,假设器材故障数服从二项分布,以战损累计概率达到一定水平为约束。

3)计算现有装备实力一定作战期限内维修器材的战储标准

现有装备实力维修器材的战储标准即为一定作战期限内自然消耗产生的需求量与战损消耗产生的需求量之和,其中要考虑排除原来预计发生故障但因战损而产生的消耗。

4)计算一定规模装备一定作战期限内维修器材的战储标准

以现有装备实力一定作战期限内维修器材的战储标准为基础,根据现有装备实力、参战装备规模、战前到寿更换数等因素,计算一定规模装备一定作战期限内维修器材的战储标准。

5)审查和修正战储标准

计算出一定规模装备一定作战期限内维修器材的战储标准以后,还需要根据器材的技术状态、重要性、潜在故障等因素进行适当修正,使战储标准更符合作战期间的器材保障实际。

第 5 章

标准测算模型

5.1 消 耗 模 型

器材消耗模型测算的是一个机型现有装备实力维修器材的年消耗量标准。年消耗量标准除以装备实力即为单装消耗标准。

5.1.1 建模要求

(1) 应考虑机群规模、单机年计划飞行时间以及器材的故障率、未来三年到寿、气候地理、机务维修水平等因素对器材消耗的影响,不考虑送修周期、供货周期等对器材周转的影响以及驻舰、驻岛、转场、演习等任务携行需求。

(2) 可修件的消耗标准应优先考虑采用年均实际消耗数而不是故障数或发付数计算,其次考虑利用规定寿命计算,而对于没有上述数据的可修件,则考虑通过单价等因素评估其修理价值,以适当调整其消耗标准。

5.1.2 模型建立

1) 故障率的计算模型

设:

- λ 为故障率(单位:件/h)。
- $\bar{\lambda}$ 为平均故障率(单位:件/h)。
- λ_{max} 为最大故障率(单位:件/h)。
- Q 为数据统计年数。
- b 为单机安装数。

- x_i 为第 i 年的故障数,时间范围为"上一年度的 11 月 1 日到当前年度的 10 月 31 日"。
- t_i 为第 i 年的单机飞行时间,时间范围为"上一年度的 11 月 1 日到当前年度的 10 月 31 日"(单位:h)。
- Z_i 为第 i 年 10 月 31 日的装备实力(单位:架)。
- $\hat{t}$ 为单机年计划飞行时间(单位:h)。
- Z_Q 为第 Q 年即统计的最近一个年度的装备实力,亦即现有装备实力。

故障率 λ 的计算应考虑以下情况:

一是器材的故障率可以采用 MTTF 或 MTBF 计算,该方法从理论上是可行的。但是,在实际的统计工作中,由于器材名称和型号记录不规范、器材拆下时工作时间等数据统计不全,因此用实际案例进行截尾试验计算 MTTF 或 MTBF 不太准确。根据调研情况发现,工厂主要采用两种方式确定 MTTF 或 MTBF:一是采用推估法即通过相关软件计算,这种方式可于产品开发初期快速评估产品预期寿命,但是这种方式所测结果与实际可能存在较大误差,准确性难以保证;二是采用实证法即通过试验确定 MTTF 或 MTBF,这种方式很少采用,主要是因为费用高昂。鉴于飞机在飞行任务执行过程中,即使器材不工作,机体震动、器材通电、电磁辐射等也都会对器材的消耗产生一定的影响。因此,本书采用了单机飞行时间作为器材一年工作时间的近似值,然后结合装备实力、单机安装数、历年故障数等来计算故障率。没有消耗过的消耗件可以采用 $\lambda = \frac{1}{\mathrm{MTTF}}$ 计算其消耗标准,没有消耗过的可修件可以采用 $\lambda = \frac{1}{\mathrm{MTBF}}$ 计算其消耗标准,但为避免消耗标准与实际偏差太大,需要设置一定的系数进行适当调整。

二是在实际的器材保障工作中,在每年的装备实力、飞行时间基本不变的情况下,既要考虑平均消耗量,也要考虑消耗的离散程度,仅依靠平均故障率只能反映出消耗的集中程度但反映不了消耗的离散程度。另外,一般装备服役五年内,装备实力和飞行任务会逐渐增加,其器材消耗会随之增加,而如果仅采用平均故障率计算,消耗标准会偏小。针对上述两种情况,本书利用专家经验法,采用对平均故障率、最大故障率进行加权求和的方法确定最终的故障率。

(1) 平均故障率的计算模型。

平均故障率 $\overline{\lambda}$ 模型为

$$\bar{\lambda} = \frac{\sum_{i=1}^{Q} x_i}{b \times \sum_{i=1}^{Q} (t_i \times Z_i)} \tag{5.1}$$

（2）最大故障率的计算模型。

在平均故障率计算模型中，$t_i \times Z_i$ 为历年总飞行小时。笔者对各型飞机飞行时间分析后发现，如果某一年的飞行时间 $t_i \times Z_i$ 太小，则该年度的故障率会比一般故障率大很多，这种情况是不正常的，如果利用该年的故障率计算，会导致消耗、周转标准过大。因此，计算故障率时，应将这种异常情况排除在外，具体方法是：用单机年计划飞行时间 $\hat{t}$ 和现有装备实力 Z_Q 的乘积作为一个基本的标准，根据对几十个机型数据样本的测试情况，选择年总飞行时间不低于 $\hat{t} \times Z_Q \times \xi$ 的年度的飞行时间和装备实力来计算故障率比较合适。

最大故障率 $\lambda_{\max}$ 模型为

$$\lambda_{\max} = \max_{i=1,2,\cdots,Q} \left\{ \frac{x_i}{b \times t_i \times Z_i} \mid t_i \times Z_i > \hat{t} \times Z_Q \times \xi \right\} \tag{5.2}$$

其中，$\xi = 0.6$，该系数可根据实际情况进行适当调整。

（3）故障率 λ 的计算模型。

不同机型服役时间不同，故障率 λ 的计算方法应有所区别。根据大量样本实际测算结果来看，如果其故障率采用同样的方法计算，则可能会导致新机型的器材消耗标准偏高，或者老机型的器材消耗标准偏低。因此，在制订消耗标准时，不同机型器材故障率计算应根据服役时间对平均故障率、最大故障率的加权系数进行适当调整。

针对故障率 λ 的计算，本书利用专家经验法，即根据部队一线保障人员的意见，经过对各型飞机大量样本反复测算、分析，以“服役时间越长，故障率越低”为原则，确定了一套比较合理的计算方法，所测算的标准与实际基本相符。具体方法如下：

一是对于服役一二年的机型，器材消耗呈一定的上升趋势，故障率较高，即 $\lambda = \lambda_{\max} \times 1.1$。

二是对于服役三四年的机型，器材消耗也呈一定的上升趋势，其故障率比刚服役两年的机型要低一些，即 $\lambda = \bar{\lambda} \times 0.25 + \lambda_{\max} \times 0.75$。

三是对于服役五年及其以上的机型，器材消耗总体上逐渐趋于平稳，但每年的消耗仍有一定的波动，主要是发生随机故障、故障率又较高的器材某一年可能消耗较多。为此,其故障率要能够反映出器材的消耗平稳中存在一定波动的特点,总体上应比上述情况更低一些,即 $\lambda = \overline{\lambda} \times 0.5 + \lambda_{max} \times 0.5$。

四是对于进入大修期、服役时间较长的机型,其器材消耗会比较大,但是由于其维修所需器材经费单列,所以对于这种情况不予考虑。

2) 消耗件的消耗模型

设:

- n_0' 为消耗件的基本年消耗量。
- λ 为故障率(单位:件/h)。
- $\hat{t}$ 为单机年计划飞行时间(单位:h)。
- Z_Q 为现有装备实力。
- b 为单机安装数。
- $\overline{K}$ 为未来三年到寿数的平均值。

则消耗件的基本年消耗量 n_0' 为

$$n_0' = \lambda \times \hat{t} \times Z_Q \times b + \overline{K} \tag{5.3}$$

其中,单机安装数 b 与故障率 λ 中的单机安装数 b 相除而消掉,所以基本年消耗量的计算与单机安装数无关,在计算时可令 $b=1$。另外,如果不是有寿件或者是有寿件但未来三年没有到寿,那么 $\overline{K}=0$。

3) 可修件的消耗模型

设:

- n_0'' 为可修件的基本年消耗量。
- y 为可修件历年因无法修复或无修理价值等原因导致不可使用的数量,即历年总(待)报废数。
- n 为历年的总故障数或发付数。
- $\overline{y}$ 为可修件每年因无法修复或无修理价值等原因导致不可使用的数量的平均值,即年均(待)报废数,亦即年均实际消耗数。
- ρ 为可修件(待)报废的概率,$1-\rho$ 即为修复率;(待)报废的理论概率为 ρ_1、实际概率为 ρ_2。
- σ 为根据价格、年均故障数等因素设置的报废系数。当理论概率为 ρ_1 和实际概率为 ρ_2 都无法得出时,再设置该系数。
- u 为可修件的规定修理次数。
- $\hat{t}$ 为单机年计划飞行时间(单位:h)。
- v 为可修件的规定总寿命(单位:件/h)。

• $\overline{K}$ 为未来三年到寿数的平均值。

则可修件的不可使用概率 ρ 为

$$\rho_1 = \max\left\{\frac{1}{u+1}, \frac{\hat{t}}{v}\right\}, \rho_2 = \frac{y}{n} \tag{5.4}$$

可修件的基本年消耗量 n_0'' 为

$$n_0'' = \begin{cases} \overline{y} + \overline{K} \times \rho & \overline{y} > 0, \rho > 0 \\ \overline{y} + \overline{K} \times \sigma & \overline{y} > 0, \rho = 0 \\ n_0' \times \rho & \overline{y} = 0, \rho > 0 \\ n_0' \times \sigma & \overline{y} = 0, \rho = 0 \end{cases} \tag{5.5}$$

其中，n_0' 的计算方法同式(5.3)。

4）模型修正

下面根据气候地理条件、机务人员维修水平、飞行员技能、专家意见等因素，对基本年消耗量进一步修正。

设：

• n_0 为现有装备实力维修器材的基本年消耗量。其中，消耗件的基本年消耗量 $n_0 = n_0'$，可修件的基本年消耗量 $n_0 = n_0''$。

• n' 为现有装备实力维修器材的年消耗量标准。

• θ_1 为气候地理条件修正因子。

• θ_2 为机务维修水平修正因子。

• θ_3 为飞行员飞行技能修正因子。

• θ_4 为专家修正因子，主要根据飞机技术状态以及器材的单价、通用性等因素进行调整。

则现有装备实力维修器材的年消耗量标准 n' 为

$$n' = n_0 \theta_1 \theta_2 \theta_3 \theta_4 \tag{5.6}$$

5.2 周转模型

器材周转模型测算的是一个机型现有装备实力维修器材的基本年周转量。

本书以备件保障效能指标即不缺件概率达到一定水平为约束条件，建立器材周转模型。不缺件概率指标可以较好地评估每一项器材周转量的预测值能够达到的满足外场需求的概率。

5.2.1 建模要求

(1) 应考虑机群规模、飞行任务量以及器材的故障率、未来三年到寿、气候地理、机务维修水平等影响器材消耗的因素,也应考虑送修周期、供货周期等影响器材周转的因素。

(2) 应考虑驻舰、驻岛、转场、演习等任务携行需求。

(3) 应对每一项器材的周转标准能满足外场需求的概率进行评估,并要求不能低于一定的水平。

5.2.2 基本假设

1) 假设

(1) 器材均工作在偶然故障期,故障形式为随机故障且故障相互独立,故障率恒定,寿命服从指数分布,需求服从稳定的泊松分布。

(2) 不考虑串件拼修。

2) 说明

(1) 器材的故障率变化一般包括早期故障期、偶然故障期、耗损故障期三个阶段,故障率曲线同时具有这三个阶段的器材仅占4%,但是早期故障期和耗损故障期基本可以不用考虑。首先,因为器材一般投入使用前,就需要进行磨合,调试适当参数,如果调试不合适或者没有经过磨合,早期故障就会严重影响器材的可靠度。所以对航空产品来说,早期故障在磨合期内已经基本消除,这样使用中对可靠性就没有太大影响,不需要专门去研究早期故障期的需求。另外,89%的器材没有耗损期,例如飞机液压、燃油、冷气、滑油等系统附件,发动机的部件、附件,电子设备等。有耗损故障期的器材一般为轮胎、刹车片和发动机汽缸、压气机叶片以及飞机结构上的所有元件等,除了轮胎、刹车片是外场可更换单元,其他一般随飞机或发动机大修。综上分析,绝大部分器材的需求预测只需要考虑偶然故障期,偶然故障期的故障率比较平稳,一般假设恒定不变,因此器材的寿命就服从指数分布,其需求服从泊松分布;对于有耗损期的轮胎、刹车片等,在实际工作中不统计其装机使用时间,所以难以确定其耗损期的故障率曲线,但是可以假设其需求服从泊松分布并视情进行适当的定性调整。

(2) 串件拼修的器材不是通过筹措解决的,对器材保障部门而言仍然属于缺件,所以周转量测算时不应该考虑串件拼修。

5.2.3 模型建立

1）无消耗器材周转量的确定方法

无消耗器材是指过去没有消耗过且未来三年也没有到寿的器材，其周转量的确定方法是：

（1）无消耗器材的年周转量一般为1。

（2）部队专家认为失效可能性较大的过去无消耗低价器材，例如轮胎、专用零件等，其购置经费和保管费用都比较低。为便于筹措和供应保障，无消耗低价器材的周转标准应适当高一些。

2）有消耗器材的周转模型

有消耗器材是指过去消耗过或者未来三年有到寿的器材，其周转量建模测算方法详述如下。

设：

- $s_{\mathrm{I}}, s_{\mathrm{II}}, s_{\mathrm{III}}, s_{\mathrm{IV}}$ 分别为无寿命控制要求的消耗件（即纯消耗件）、无寿命控制要求的可修件（即无寿可修件）、有寿命控制要求的消耗件（即有寿消耗件）、有寿命控制要求的可修件（即有寿可修件）四类器材的基本年周转量。
- s_1 为消耗件的故障周转数。
- s_2 为可修件的故障周转数。
- s_3 为有寿消耗件的到寿周转数。
- s_4 为有寿可修件的到寿周转数。
- s_5 为任务携行需求数。
- T_1 为平均供货周期（单位：年）。
- T_2 为平均送修周期（单位：年）。
- λ 为故障率（单位：件/h），其计算方法同消耗标准。
- m 为装机器材数量，$m = Z \times b$，其中 Z 为现有装备实力，b 为单机安装数。
- t 为单机年计划飞行时间（单位：h）。

则在现有装备实力条件下，纯消耗件、无寿可修件、有寿消耗件、有寿可修件四类器材的基本年周转量分别为

$$s_{\mathrm{I}} = s_1 + s_5 \tag{5.7}$$

$$s_{\mathrm{II}} = s_2 + s_5 \tag{5.8}$$

$$s_{\mathrm{III}} = s_1 + s_3 + s_5 \tag{5.9}$$

$$s_{\mathrm{IV}} = s_2 + s_4 + s_5 \tag{5.10}$$

消耗件和可修件的故障周转数以及到寿周转数的计算方法如下：

（1）消耗件的故障周转模型。

针对消耗件，根据帕尔姆定理，假设器材的需求服从均值为 λmt 的泊松过程，且每一个故障件的供货时间相互独立并服从均值为平均供货周期 T_1 的同一分布，则故障消耗数 x 服从均值为 λmtT_1 的泊松分布，即

$$\mathrm{P}(X = x \mid \lambda mtT_1) = \frac{(\lambda mtT_1)^x \mathrm{e}^{-\lambda mtT_1}}{x!} \quad x = 0,1,2,\cdots \tag{5.11}$$

根据故障率、单机安装数、供货周期、现有装备实力、计划飞行时间等因素，利用均值为 λmtT_1 的泊松分布，以不缺件概率达到 90% 以上为约束，建立消耗件的故障周转数 s_1 的测算模型，即

$$\begin{aligned} s_1 = \{ s_1 \mid \mathrm{P}(x \leqslant s_1) &= \sum_{x=0}^{s_1} \mathrm{P}(X = x \mid \lambda mtT_1), \\ \mathrm{P}(x \leqslant s_1) &\geqslant 90\% > \mathrm{P}(x \leqslant s_1 - 1) \} \end{aligned} \tag{5.12}$$

当不缺件概率刚达到 90% 以上时的需求数 s_1 即为消耗件的故障周转数。

（2）可修件的故障周转模型。

针对可修件，根据帕尔姆定理，假设器材的需求服从均值为 λmt 的泊松过程，且每一件器材的供货时间相互独立并服从均值为平均供货周期 T_1 的同一分布，且每一个故障件的修理时间相互独立并服从均值为平均送修周期 T_2 的同一分布，则故障消耗数 x 服从均值为 λmtT_1T_2 的泊松分布，即

$$\mathrm{P}(X = x \mid \lambda mtT_1T_2) = \frac{(\lambda mtT_1T_2)^x \mathrm{e}^{-\lambda mtT_1T_2}}{x!} \quad x = 0,1,2,\cdots \tag{5.13}$$

根据故障率、单机安装数、送修周期、供货周期、现有装备实力、单机年计划飞行时间等因素，利用均值为 λmtT_1T_2 的泊松分布，以不缺件概率达到 90% 以上为约束，建立可修件的故障周转数 s_2 的测算模型，即

$$\begin{aligned} s_2 = \{ s_2 \mid \mathrm{P}(x \leqslant s_2) &= \sum_{x=0}^{s_2} \mathrm{P}(X = x \mid \lambda mtT_1T_2), \\ \mathrm{P}(x \leqslant s_2) &\geqslant 90\% > \mathrm{P}(x \leqslant s_2 - 1) \} \end{aligned} \tag{5.14}$$

当不缺件概率刚达到 90% 以上时的需求数 s_2 即为可修件的故障周转数。

（3）有寿件的到寿周转模型。

① 有寿消耗件。

有寿消耗件的周转量取未来三年到寿数的最大值，即

$$s_3 = \max\{K_1, K_2, K_3\} \tag{5.15}$$

式中：K_1, K_2, K_3 分别为未来第一、二、三年的到寿数。

② 有寿可修件。

根据飞行小时、起落次数、使用次数（包括起动次数、充放电次数等）、装机日历四种寿命指标以及送修周期等因素，建立到寿周转模型，方法是：首先，利用年均使用寿命、剩余寿命确定未来三年的到寿时间分布，其中具有多个寿命指标的以先到寿的为准；其次，根据到寿时间分布，计算从每个到寿时刻开始的一个送修周期内的到寿数，其中最大的即为到寿周转数。

设：

- K 为未来三年总到寿数。
- t_k 为未来三年中第 k 件器材的到寿更换时间（单位：天），$k = 1,2,\cdots,K$。
- j 表示不同的寿命指标，$j = 1,2,3,4$ 分别表示飞行小时、起落次数、使用次数、装机日历寿命。
- $t_{sy_{kj}}$ 为第 k 件器材第 j 个寿命指标的剩余寿命。
- t_{rw_j} 为第 j 个寿命指标的年均使用寿命。
- t 为单机计划飞行时间（单位：天），$t=365$。

到寿周转模型的关键包括两点：

一是将各种寿命指标转化为日历寿命，其中有多个寿命控制指标的器材以最早到寿的指标为准。

该项器材的 K 件器材在未来三年中到寿更换时间 t_k 的分布模型是

$$t_k = \min_{j=1,2,3,4}\left(\frac{t_{sy_{kj}}}{t_{rw_j}}\right) \times t \tag{5.16}$$

其中，$3t_{rw_j} \geqslant t_{sy_{kj}} > 0$。

二是计算各到寿时间点开始一个送修周期内的到寿数，其中的最大值即为到寿周转数。

如果第 l 件器材的到寿更换时间 t_l 在第 k 件器材到寿时间开始一个送修周期 T 内，即 $t_l \in [t_k, t_k + T]$，则令 $x_{kl} = 1$，否则 $x_{kl} = 0$，即

$$x_{kl} = \begin{cases} 1 & t_l \in [t_k, t_k + T] \\ 0 & t_l \notin [t_k, t_k + T] \end{cases} \tag{5.17}$$

其中，T 表示第 k 件器材的送修周期（单位：天），$l = 1,2,\cdots,K$。

则该项器材在未来三年内的到寿周转数 s_4 为

$$s_4 = \max_{k=1,2,\cdots,K}\left(\sum_{l=1}^{K} x_{kl}\right) \tag{5.18}$$

其中，$\sum_{l=1}^{K} x_{kl}$ 为每一件到寿后一个送修周期时间内的到寿数。

另外，有寿可修件在到寿前也可能发生故障，如果发生故障就需要对到寿周转模型进行修正。由于一般情况下产品寿命服从指数分布，所以可以假设绝对寿控器材的寿命也服从指数分布。设 t 为使用寿命，T 为规定寿命，则器材的使用寿命在$[t,T]$内发生故障的概率为 $\mathrm{P}(t \leqslant X \leqslant T)$ 。由于一般到寿可修器材的剩余寿命 $\Delta t = T - t$ 占 T 的比例很小，而指数分布曲线随 t 的增大按指数递减，经过大量测试后可以确定，下一年到寿的可修器材发生故障的概率 $\mathrm{P}(t \leqslant X \leqslant T)$ 非常小，可以忽略不计。所以，本书假设在未来三年内到寿的器材不会发生故障。

3）模型修正

下面根据气候地理条件、机务人员维修水平、飞行员技能、专家意见、任务携行需求等因素，对基本年周转量进一步修正。

设：

- s_0 为现有装备实力维修器材的基本年周转量。
- s' 为现有装备实力维修器材的年周转量标准。
- θ_1 为气候地理条件修正因子。
- θ_2 为机务维修水平修正因子。
- θ_3 为飞行员飞行技能修正因子。
- θ_4 为专家修正因子，其确定方法与消耗标准的专家修正因子相同。
- s_r 为驻舰、驻岛、转场、演习等任务所需携行的数量，以一年中同时出任务时所需携带的最大值为准。

则现有装备实力维修器材的年周转量标准 s' 为

$$s' = \theta_1\theta_2\theta_3\theta_4 s_0 + s_r \tag{5.19}$$

原则上，同一项器材的周转量标准不能低于消耗量标准，才能确保周转库存能够满足消耗需要；否则，应在消耗量标准的基础上适当提高其周转量标准，或者通过适当提高该器材不缺件概率的水平来调整其周转量标准，使其周转量标准高于消耗量标准。

5.3 周转优化模型

器材周转优化模型测算的是一个机型现有装备实力维修器材的最终年周转量标准，其除以装备实力即为单装周转标准。

本书在周转模型测算的基本年周转量基础上,以系统保障效能指标即航材保障良好率达到一定水平以及一定的保障经费为约束条件,建立器材周转优化模型。航材保障良好率指标可以较好地从装备系统角度评估一个机型各项器材周转量的预测值能够达到的器材保障水平,对促进一个机型维修器材的周转库存结构进一步科学合理具有重要作用。

器材周转模型是采用不缺件概率作为备件保障效能指标,一般要求每一项器材的不缺件概率达到90%以上,这表示其所测算的基本年周转量能够满足外场需求的概率或者确保供应不间断的概率应不低于90%,但是无法保证整个装备的系统保障效能达到要求的水平。而根据我军实际工作需要,器材的周转库存除了应在确保每一项器材供应不间断的基础上,还需要使每一个机型的航材保障良好率至少达到95%以上。因此,根据器材周转模型测算的基本年周转量不能直接作为年周转标准,还需要运用周转优化模型对基本周转量进一步优化,以确保每一项器材的备件保障效能达到一定水平的同时,也能使一个机型的系统保障效能达到所要求的水平。

5.3.1 建模要求

(1) 应对各型飞机周转标准能达到的航材保障良好率进行评估,并要求不能低于一定的水平。

(2) 重点对有消耗的可修件的故障周转量进行进一步的优化配置。

5.3.2 基本假设

1) 假设

(1) 器材均工作在偶然故障期,故障形式为随机故障且故障相互独立,故障率恒定,寿命服从指数分布,需求服从稳定的泊松分布。

(2) 不考虑串件拼修。

(3) 过去无消耗的器材和消耗件的周转量以及到寿消耗、任务携行等所需的周转量足以满足实际保障需要。

(4) 一个机型由一个基地仓库供应保障。

2) 说明

(1) 第(1)~(2)假设成立,具体说明详见5.2节周转模型。

(2) 过去无消耗器材的周转量应至少有一件,以供战备值班,消耗件为便于筹措和供应保障,一般一批会采购很多,器材到寿、任务携行等所需的周转量是可以进行比较准确的预测的,针对这些情况测算的周转量基本都可以满足实际需要,因此第(3)假设是合理的。

(3) 为便于从系统角度对周转标准进行优化,笔者认为在由一个基地仓库来保障的假设条件下开展周转库存优化配置研究比较合适。各基层仓库之间的配置问题是依据周转标准筹措后的分配问题,分配时应考虑各单位器材的实际消耗趋势、到寿与任务需求、技术状态等因素,但各军兵种制订各型飞机维修器材的周转标准时不用考虑这些问题。如果一个基层仓库临时缺件,可以通过调拨、借件、紧急求援等多种非正常筹措方式来解决。目前国内物流发达,这在一定程度上可以缓解各种非正常筹措过程中产生的供应时间延迟的问题,从而大大降低缺件停飞的风险。因此,第(4)假设也是合理的。由此也可以看出,由于器材保障经费有限,而器材需求存在一定的不可测性,所以调拨、借件、紧急求援等非正常筹措方式是依据标准进行保障的不可或缺的重要补充。

5.3.3 模型建立

设:

- Z_Q 为第 Q 年的装备实力(单位:架)。
- I 为某型飞机的周转器材项数。
- s_i 为第 i 项器材的年故障周转量,$s = \{s_1, s_2, \cdots, s_I\}$,$i = 1, 2, \cdots, I$,$s_i \geqslant s_i^0$,s_i^0 为根据式(5.14)计算的年故障周转量 s_2,$\Delta s_i = s_i - s_i^0$,$s_0 = \{s_1^0, s_2^0, \cdots, s_I^0\}$ 。
- $A(s)$ 为各器材周转量为 s 时达到的航材保障良好率。
- a 为要求达到的最低航材保障良好率。
- b_i 为第 i 项器材的单机安装数。
- c_i 为第 i 项器材的单价(单位:元)。
- C 为该型飞机的年周转标准总费用(单位:元),不考虑过去无消耗器材、消耗件以及到寿消耗、任务携行等情况。
- $\mathrm{EBO}(s_i)$ 为第 i 项器材年故障周转量为 s_i 时的短缺数,其公式为

$$\mathrm{EBO}(s_i) = \sum_{x = s_i + 1}^{\infty} (x - s_i) P\{x\} \tag{5.20}$$

其中,$P\{x\}$ 为泊松分布,其计算公式见 5.2 节的周转模型。

则周转优化模型为

$$\begin{cases} \max A(s) = \prod_{i=1}^{I} \left\{1 - \dfrac{\mathrm{EBO}(s_i)}{Z_Q b_i}\right\}^{b_i} \times 100\% \\ \text{s. t.} \sum_{i=1}^{I} c_i \Delta s_i \leqslant C \end{cases} \tag{5.21}$$

在一定保障经费约束条件下，当 $A(s)$ 刚刚达到或超过 a 时的周转量 s 即为符合实际需要的最优解，亦即现有装备实力维修器材的最终年周转量。根据工程经验，a 一般为95%，各型飞机的航材保障良好率水平可以根据各自机群规模、任务特点等情况进行调整。

5.3.4 模型求解算法

为便于采用边际分析法对周转优化模型进行求解，需要对航材保障良好率公式 $A(s)$ 两边取对数，即

$$\text{In}(A(s)) = \sum_{i=1}^{I} b_i \text{In}\left\{1 - \frac{\text{EBO}(s_i)}{Z_Q b_i}\right\} \approx -\frac{1}{Z_Q}\sum_{i=1}^{I}\text{EBO}(s_i)$$

设 $f(s) = \sum_{i=1}^{I}\text{EBO}(s_i)$ ，周转优化模型可以转化为

$$\begin{cases} \min f(s) = \sum_{i=1}^{I}\text{EBO}(s_i) \\ \text{s.t.} \sum_{i=1}^{I} c_i \Delta s_i \leqslant C \end{cases} \tag{5.22}$$

在周转量优化配置过程中，在一定保障经费约束条件下，当 $A(s)$ 刚刚达到或超过要求的航材保障良好率水平 a 时的周转量 s 即为最优解。

算法思路：①在初始故障周转量 s_0 的基础上进行配置，每一步配置1件；②每一步应配置给边际效益最大的那一项器材，同时该器材当前的边际效益用配置后的边际效益替换，用于下一步的配置；③当所有器材的总短缺数减到0，停止配置。

算法的主要步骤如下：

1）确定初始故障周转量

初始故障周转量为 $s_0 = \{s_1^0, s_2^0, \cdots, s_I^0\}$ 。

2）计算每一项器材在不同周转量条件下的边际效益

设 Δ_i^k 为配置的第 k 步第 i 项器材的边际效益，$k \geqslant 1$。

$$\Delta_i^k = \frac{\text{EBO}(s_i^0 + k - 1) - \text{EBO}(s_i^0 + k)}{c_i} \tag{5.23}$$

3）建立传递公式

设 Δ_i 为第 i 项器材的边际效益，$\Delta = \{\Delta_1, \Delta_2, \cdots, \Delta_I\}$ 。

设 l 为配置的每一步边际效益最大的器材的编号，在该步配置中，该器材的

故障周转量加 1,其边际效益用其故障周转量加 1 后的边际效益替换,即为 $\Delta_l = \Delta_l^{k+1}$ 。其他器材的边际效益不变,即 $\Delta_i = \Delta_i^k \mid_{i=1,2,\cdots,I,i\neq l}$ 。

设 u_i^k 为第 k 步第 i 项器材的故障周转量的增量, $u_k = \{u_1^k, u_2^k, \cdots, u_I^k\}$, $u_i^k = \begin{cases} 1 & i = l \\ 0 & i = 1,2,\cdots,I; i \neq l \end{cases}$。

设 s_i^k 为第 k 步第 i 项器材的故障周转量, $s_k = \{s_1^k, s_2^k, \cdots, s_I^k\}$ 。

那么,状态转移方程为

$$s_k = s_{k-1} + u_k \tag{5.24}$$

4) 建立最优递推公式和递归边界条件

最优递推公式为

$$\begin{cases} f(s_0) = \sum_{i=1}^{I} \text{EBO}(s_i^0) \\ f(s_k) = f(s_{k-1}) - c_l \Delta_l^k \end{cases} \tag{5.25}$$

递归边界条件为

$$f(s_{k+1}) = 0 \tag{5.26}$$

5) 确定最优故障周转量

在 $\sum_{i=1}^{I} c_i(s_i^k - s_i^0) \leqslant C$ 且 $A(s)$ 刚刚达到或超过 a 条件下的周转量 s_k 即为最优解。

5.3.5 算例分析

以某型运输机为例,其历年的装备实力、单机飞行时间以及年计划飞行任务量如表 5.1 所列。在不考虑该机型过去无消耗器材、低价消耗件以及因到寿、任务携行需求的情况下,从该机型周转器材中筛选出 30 项,其单价、器材属性、送修周期、供货周期、历年故障数等基础数据如表 5.2 所列,其单机安装数均为 1。

1) 计算过程

(1) 计算基本故障周转量及其可达不缺件概率(表 5.3)。

(2) 计算优化配置过程中各器材的短缺数(表 5.4)。

(3) 计算优化配置过程中各器材的边际效益(表 5.5)。

(4) 计算优化配置过程中各器材故障周转量的增量(表 5.6)。

(5) 计算优化配置过程中所有器材的总故障周转量(含基本周转量)、总短缺数、总经费和航材保障良好率(表 5.7)。

表 5.1　历年的装备实力、单机飞行时间和年计划飞行任务量

年度	2005	2006	2007	2008	2009	2010	2011	2012	2013	2014	2015	年计划飞行任务量
装备实力	6	6	6	6	4	4	4	4	3	2	2	2
单机飞行时间/h	211	211	191	212	183	224	212	152	111	173	187	157

表 5.2　器材基础数据

序号	单价/元	消耗件	送修周期/天	供货周期/天	历年故障数										
					2005	2006	2007	2008	2009	2010	2011	2012	2013	2014	2015
1	15393		231	365	3	2	3	2	0	1	1	2	3	2	2
2	11100		124	365	9	11	12	8	9	7	6	7	12	11	11
3	1990		107	365	19	27	24	26	19	12	31	22	22	27	27
4	410	是		365	13	15	10	13	7	8	9	13	13	13	13
5	1780	是		365	10	13	14	13	8	12	11	12	8	12	12
6	2710	是		365	16	15	12	17	18	19	23	22	21	23	23
7	270	是		365	37	45	51	48	46	39	48	47	45	51	42
8	7990		120	365	1	0	1	2	2	2	1	2	2	4	1
9	12811		112	365	1	0	1	3	1	1	2	0	2	0	90
10	209	是		365	51	35	47	38	48	44	47	46	50	49	43
11	6680		126	365	9	11	12	8	9	7	6	7	8	9	9
12	64320		122	365	9	11	12	8	9	7	6	7	10	12	12
13	5250		146	365	2	3	2	0	2	2	1	2	2	4	1
14	625		125	365	1	0	1	2	2	9	1	2	2	0	1
15	42252		89	365	2	1	2	0	0	3	3	3	1	2	4
16	1818		120	365	1	0	1	2	2	1	2	3	1	1	4

（续）

序号	单价/元	消耗件	送修周期/天	供货周期/天	历年故障数										
					2005	2006	2007	2008	2009	2010	2011	2012	2013	2014	2015
17	5611		34	365	2	2	4	3	1	1	1	1	5	1	5
18	6550		47	365	2	3	3	4	2	0	4	1	4	1	5
19	11000		37	365	9	11	11	8	9	7	6	7	12	12	12
20	40600		59	365	6	7	6	5	8	6	9	8	6	8	8
21	21404		46	365	2	3	2	0	2	1	0	0	1	0	4
22	4160		97	365	39	51	42	33	47	46	42	48	47	44	41
23	38980		61	365	1	1	1	2	8	5	4	2	9	1	5
24	8127		77	365	1	2	2	3	2	3	9	1	9	2	1
25	69455		109	365	2	1	2	2	0	5	2	1	3	1	1
26	115500		65	365	2	3	2	0	2	2	1	2	2	4	1
27	270000		48	365	1	1	2	0	0	1	2	2	3	0	2
28	119869.062		52	365	42	44	45	48	45	43	44	41	47	45	55
29	85000		99	365	5	2	8	9	3	7	11	6	8	16	16
30	1200000		99	365	2	2	9	3	1	6	4	1	2	5	5

表 5.3　器材基本故障周转量及其可达不缺件概率

器材序号	1	2	3	4	5	6	7	8	9	10	11	12	13	14	15
基本故障周转量	2	1	1	5	5	4	4	1	1	2	1	1	2	1	2
基本不缺件概率	99.22%	94.29%	92.3%	95.86%	90.18%	93.61%	96.22%	92.33%	93.77%	95.24%	93%	91.28%	93.82%	93.19%	99.19%
器材序号	16	17	18	19	20	21	22	23	24	25	26	27	28	29	30
基本故障周转量	1	1	1	1	1	1	1	1	1	2	1	1	1	1	1
基本不缺件概率	90.25%	94.26%	94.33%	96.94%	95.67%	93.48%	94.56%	97.11%	96.43%	91.67%	96.34%	97.34%	97.61%	92.81%	96.34%

表 5.4　优化配置过程中各器材的短缺数

配置步骤	各器材的短缺数									
	1	2	3	4	5	6	7	8	9	10
第 1 步	0. 00817086	0. 05874326	0. 08016727	0. 05757373	0. 15179669	0. 08712434	0. 04881982	0. 07982172	0. 06427204	0. 05338053
第 2 步	0. 00034808	0. 00169209	0. 00312922	0. 01620481	0. 05355059	0. 02324417	0. 01111031	0. 00310265	0. 00202190	0. 00580279
第 3 步	0. 00001122	0. 00003281	0. 00008251	0. 00400720	0. 01673238	0. 00532599	0. 00216047	0. 00008146	0. 00004286	0. 00048398
第 4 步	0. 00000029	0. 00000048	0. 00000164	0. 00088169	0. 00467822	0. 00106640	0. 00036589	0. 00000161	0. 00000068	0. 00003267
第 5 步	0. 00000001	0. 00000001	0. 00000003	0. 00017449	0. 00118124	0. 00018928	0. 00005481	0. 00000003	0. 00000001	0. 00000185
…	…	…	…	…	…	…	…	…	…	…
配置步骤	各器材的短缺数									
	11	12	13	14	15	16	17	18	19	20
第 1 步	0. 07256520	0. 09122483	0. 07059601	0. 07049191	0. 00842661	0. 10262793	0. 05908881	0. 05839771	0. 03109937	0. 04423022
第 2 步	0. 00257031	0. 00403729	0. 00881968	0. 00242719	0. 00036454	0. 00509062	0. 00171186	0. 00167243	0. 00047861	0. 00096389
第 3 步	0. 00006142	0. 00012091	0. 00084843	0. 00005637	0. 00001193	0. 00017119	0. 00003339	0. 00003224	0. 00000494	0. 00001411
第 4 步	0. 00000111	0. 00000273	0. 00006618	0. 00000099	0. 00000031	0. 00000435	0. 00000049	0. 00000047	0. 00000004	0. 00000016
第 5 步	0. 00000002	0. 00000005	0. 00000434	0. 00000001	0. 00000001	0. 00000009	0. 00000001	0. 00000001	0. 00000000	0. 00000000
…	…	…	…	…	…	…	…	…	…	…
配置步骤	各器材的短缺数									
	21	22	23	24	25	26	27	28	29	30
第 1 步	0. 06738197	0. 05597887	0. 02937163	0. 03628260	0. 09758831	0. 03731925	0. 02695279	0. 02418840	0. 07463849	0. 03731925
第 2 步	0. 00222002	0. 00153799	0. 00042715	0. 00065032	0. 01431964	0. 00068778	0. 00035998	0. 00029019	0. 00271743	0. 00068778
第 3 步	0. 00004931	0. 00002843	0. 00000416	0. 00000782	0. 00162583	0. 00000850	0. 00000322	0. 00000233	0. 00006677	0. 00000850
第 4 步	0. 00000082	0. 00000040	0. 00000003	0. 00000007	0. 00015007	0. 00000008	0. 00000002	0. 00000001	0. 00000124	0. 00000008
第 5 步	0. 00000001	0. 00000000	0. 00000000	0. 00000000	0. 00001165	0. 00000000	0. 00000000	0. 00000000	0. 00000002	0. 00000000
…	…	…	…	…	…	…	…	…	…	…

表 5.5　优化配置过程中各器材的边际效益

配置步骤	各器材的边际效益($10^{-5}\times$)									
	1	2	3	4	5	6	7	8	9	10
第 1 步	0.05082039	0.51397449	3.87125890	10.08998122	5.51944392	2.35720169	13.96648309	0.96018860	0.48591162	22.76446586
第 2 步	0.00218838	0.01494848	0.15310104	2.97502654	2.06843848	0.66118766	3.31475581	0.03781219	0.01544801	2.54488661
第 3 步	0.00007099	0.00029127	0.00406375	0.76232026	0.67720009	0.15718015	0.66465951	0.00099935	0.00032918	0.21593760
第 4 步	0.00000185	0.00000426	0.00008112	0.17248788	0.19645964	0.03236614	0.11521730	0.00001986	0.00000527	0.01474634
第 5 步	0.00000004	0.00000005	0.00000130	0.03491226	0.05110535	0.00587242	0.01757553	0.00000032	0.00000007	0.00084207
…	…	…	…	…	…	…	…	…	…	…
配置步骤	各器材的边际效益($10^{-5}\times$)									
	11	12	13	14	15	16	17	18	19	20
第 1 步	1.04782776	0.13555276	1.17669195	10.89035561	0.01908091	5.36508854	1.02257970	0.86603478	0.27837056	0.10656731
第 2 步	0.03755816	0.00608890	0.15183347	0.37933175	0.00083454	0.27059581	0.02991400	0.02504112	0.00430614	0.00233937
第 3 步	0.00090295	0.00018374	0.01489996	0.00886067	0.00002750	0.00917719	0.00058628	0.00048507	0.00004452	0.00003436
第 4 步	0.00001632	0.00000417	0.00117797	0.00015560	0.00000073	0.00023424	0.00000863	0.00000706	0.00000035	0.00000038
第 5 步	0.00000024	0.00000008	0.00007792	0.00000219	0.00000002	0.00000479	0.00000010	0.00000008	0.00000000	0.00000000
…	…	…	…	…	…	…	…	…	…	…
配置步骤	各器材的边际效益($10^{-5}\times$)									
	21	22	23	24	25	26	27	28	29	30
第 1 步	0.30443819	1.30867513	0.07425468	0.43844317	0.11988866	0.03171556	0.00984919	0.01993693	0.08461302	0.00305262
第 2 步	0.01014164	0.03628735	0.00108515	0.00790583	0.01827630	0.00058812	0.00013214	0.00024015	0.00311842	0.00005661
第 3 步	0.00022650	0.00067394	0.00001060	0.00009532	0.00212478	0.00000729	0.00000118	0.00000193	0.00007710	0.00000070
第 4 步	0.00000380	0.00000941	0.00000008	0.00000086	0.00019929	0.00000007	0.00000001	0.00000001	0.00000143	0.00000001
第 5 步	0.00000005	0.00000011	0.00000000	0.00000001	0.00001565	0.00000000	0.00000000	0.00000000	0.00000002	0.00000000
…	…	…	…	…	…	…	…	…	…	…

表 5.6　优化配置过程中各器材故障周转量的增量

配置步骤	各器材故障周转量的增量																													
	1	2	3	4	5	6	7	8	9	10	11	12	13	14	15	16	17	18	19	20	21	22	23	24	25	26	27	28	29	30
第 1 步										1																				
第 2 步							1			1																				
第 3 步							1			1				1																
第 4 步				1			1			1				1																
第 5 步				1	1		1			1				1																
第 6 步				1	1		1			1				1		1														
第 7 步			1	1	1		1			1				1		1														
第 8 步			1	1	1		2			1				1		1														
第 9 步			1	2	1		2			1				1		1														
第 10 步			1	2	1		2			2				1		1														
第 11 步			1	2	1	1	2			2				1		1														
第 12 步			1	2	2	1	2			2				1		1														
第 13 步			1	2	2	1	2			2				1		1						1								
第 14 步			1	2	2	1	2			2			1	1		1						1								
第 15 步			1	2	2	1	2			2	1		1	1		1						1								
第 16 步			1	2	2	1	2			2	1		1	1		1	1					1								
第 17 步			1	2	2	1	2	1		2	1		1	1		1	1					1								
第 18 步			1	2	2	1	2	1		2	1		1	1		1	1	1				1								
…	…	…	…	…	…	…	…	…	…	…	…	…	…	…	…	…	…	…	…	…	…	…	…	…	…	…	…	…	…	…
第 23 步		1	1	3	3	2	3	1		2	1		1	1		1	1	1				1								
第 24 步		1	1	3	3	2	3	1	1	2	1		1	1		1	1	1				1								
…	…	…	…	…	…	…	…	…	…	…	…	…	…	…	…	…	…	…	…	…	…	…	…	…	…	…	…	…	…	…

表 5.7　优化配置过程中所有器材的总故障周转量、总短缺数、总经费和航材保障良好率

配置步骤	各步总故障周转量、总短缺数、总经费和航材保障良好率			
	总周转量	总短缺数	总经费/元	航材保障良好率
配置前	49	1.73806268	2322123.062	40.2563%
第 1 步	50	1.70035318	2322393.062	70.1475%
第 2 步	51	1.63228846	2323018.062	79.4167%
第 3 步	52	1.59091953	2323428.062	79.4949%
第 4 步	53	1.49267343	2325208.062	92.7165%
第 5 步	54	1.39513612	2327026.062	92.7691%
第 6 步	55	1.31809807	2329016.062	92.7691%
第 7 步	56	1.30914823	2329286.062	96.6657%
第 8 步	57	1.29695062	2329696.062	96.6657%
第 9 步	58	1.29163181	2329905.062	96.6663%
第 10 步	59	1.22775164	2332615.062	96.6663%
第 11 步	60	1.19093344	2334395.062	96.6663%
第 12 步	61	1.13649255	2338555.062	96.6663%
第 13 步	62	1.07471622	2343805.062	96.6663%
第 14 步	63	1.00472133	2350485.062	96.6663%
第 15 步	64	0.94734438	2356096.062	96.6663%
第 16 步	65	0.87062531	2364086.062	96.6663%
第 17 步	66	0.81390004	2370636.062	96.6663%
…	…	…	…	…
第 23 步	72	0.65970629	2399717.062	99.5915%
…	…	…	…	…

（6）计算优化后各器材的故障周转量（表 5.8）。

表 5.8　优化后各器材的故障周转量

器材序号	航材保障良好率不低于 95%时的故障周转量	航材保障良好率不低于 95%时的故障周转量
1	2	2
2	1	2
3	1	2
4	6	8
5	6	8
6	4	6
7	5	7
8	1	2
9	1	1
10	3	4
11	1	2
12	1	1
13	2	3
14	2	2
15	2	2
16	2	2
17	1	2
18	1	2
19	1	1
20	1	1
21	1	1
22	1	2
23	1	1
24	1	1
25	2	2
26	1	1
27	1	1
28	1	1
29	1	1
30	1	1

2）结果分析

根据表 5.7，优化前的航材保障良好率为 40.2563%，但是航材保障良好率一般应达到 95%以上，所以需要对各器材的周转量进行优化处理。从表 5.7 中可以看出,在优化配置过程中直到第 7 步航材保障良好率达到 96.6657%,才刚好满足该要求。从第 1 步~第 6 步先后配置的是第 10、7、14、4、5、16 项器材,均是价格不高的器材,其周转量增加一个的边际效益要比昂贵器材更高,所以优先配置这些器材。

由于该型飞机是小机群,应重点保障,因此其航材保障良好率目标水平可以设置高一些。例如,若该型飞机的航材保障良好率要求不低于 99%,那么可计算得出刚刚高于该水平的航材保障良好率为 99.5915%,此时的周转标准总经费约为 240 万元,而基本周转标准总经费约为 232 万元,所以只需要再配置约 8 万元就可以达到要求的航材保障良好率目标不低于 99%的水平。

综上分析,利用周转优化模型进一步优化后的周转标准能够使该机型的航材保障良好率达到要求的水平,所以优化后的结果更符合器材保障机关统筹建立维修器材周转库存的要求。

5.4 库存限额模型

库存限额标准是制订航空装备维修保障计划的重要依据,是科学统筹建立周转库存的基础。库存限额模型测算的是一个机型现有装备实力维修器材的年库存限额标准,其除以装备实力即为单装库存限额标准。

库存限额包括库存下限和库存上限,其中库存下限是经过周转优化模型优化后的年周转标准;库存上限为库存下限与年消耗标准之和。

设:

- $\hat{s}$ 为现有装备实力维修器材的年周转标准,亦即现有装备实力维修器材的库存下限。
- $\hat{n}$ 为现有装备实力维修器材的年消耗标准,则 $\hat{s}+\hat{n}$ 为现有装备实力维修器材的库存上限(向上取整)。
- n' 为单装消耗标准。
- s' 为单装周转标准。
- Z_Q 为现有装备实力,其中 Q 为统计数据的年数。
- ξ 为专家经验系数。由部队相关专业人员根据装备实力、飞行任务量、技术状态、气候地理环境等因素制订该系数,以对库存限额标准进行适当修正。
- S_0 为现有库存数。
- D 为订货数。

则现有装备实力维修器材的库存限额为

$$[\hat{s},\hat{s}+\hat{n}] \tag{5.27}$$

单装库存限额为

$$[s',s'+n'] = \left[\frac{\hat{s}}{Z_Q}\times\xi,\frac{(\hat{s}+\hat{n})}{Z_Q}\times\xi\right] \tag{5.28}$$

器材现有库存数和订货数之和应在库存限额的下限和上限范围内，即 $S_0+D\in[\hat{s},\hat{s}+\hat{n}]$。控制好库存下限有助于避免器材短缺，控制好库存上限则有助于避免器材积压。

5.5 战储模型

本书拟根据平时的器材故障率、单机安装数，现有装备实力、单机年计划飞行时间，以及参战装备规模、作战时限、战损率、战时维修更换率、战时飞机出动强度等因素，利用系统工程、概率论、数理统计、可靠性维修理论等理论与方法，以自然故障累积概率和战损累计概率达到一定水平为约束条件，建立故障需求和战损需求预测模型，用于测算现有装备实力一定作战期限内维修器材因故障、战损消耗所产生的需求量；建立战储模型，用于测算一定规模装备一定作战期限内维修器材的需求量，亦即战储标准。

5.5.1 建模要求

(1) 战时器材的消耗包括自然消耗和战损消耗两种，自然消耗的规律与战损消耗的规律不同，应对自然消耗产生的需求和战损消耗产生的需求分别研究，并建立相应的预测模型，即故障需求预测模型和战损需求预测模型。

故障需求预测模型应依据战时器材的故障率，测算 3 个月作战期限内现有装备实力维修器材因故障消耗产生的需求量。

战损需求预测模型应依据战时器材的损伤率，测算 3 个月作战期限内现有装备实力维修器材因战损消耗产生的需求量。

(2) 战储模型测算的是参战的一定规模装备维修器材的储备标准，在此基础上还需要根据器材的技术状态、重要性等因素对标准进行适当调整。另外，战役期间肯定存在预计会发生故障但因战损而提前消耗的情况，这种情况会导致故障需求量和战损需求量存在一定的重复预测，需要排除这部分重复的预测值。

5.5.2 基本假设

假设：

- 作战期限预计3个月(即90天)。
- 作战任务科目与平时训练任务科目基本一致。
- 作战期间到寿数约为装机数量的一定倍数，战前需要利用战储器材替换。根据部队专家意见，战前将作战期间到寿数取装机数量的0.2或0.25倍。
- 战储器材基本满足现有装备实力3个月作战维修保障需要，不考虑送修、订货。
- 每一项器材的自然故障累积概率和战损累计概率应刚好达到90%以上。

5.5.3 战时故障率

战时航空装备使用强度比较高，其器材维修更换的概率即战时维修更换率肯定要高于平时维修更换率。因此，必须考虑战时装备强化使用导致器材的故障率发生的变化。

设：

- λ 为器材战时的故障率(单位：件/h)。
- λ_0 为器材平时的故障率(单位：件/h)。
- ζ 为战时强化使用时器材故障率的修正系数。
- W_2 为战时平均每天计划使用时间(单位：h/天)。
- W_1 为平时平均每天计划使用时间(单位：h/天)。

则战时故障率模型为

$$\lambda = \lambda_0 \times \zeta \tag{5.29}$$

其中，$\zeta = \frac{W_2}{W_1}$，高等强度战役一般在[1.5,2]范围内取值，中等强度战役一般取值为1.5，低等强度战役一般在[1,1.5]范围内取值。

另外，有些研究没有采用战时故障率计算自然消耗产生的故障需求，而是先根据平时故障率计算3个月作战产生的故障需求，然后再利用战时强化使用时故障率的调整系数 ζ 进行修正，但两种情况的计算结果基本相同。

5.5.4 故障需求预测模型

1）假设条件

(1) 器材均工作在偶然故障期，故障形式为随机故障且故障相互独立，故障率恒定,寿命服从指数分布,需求服从稳定的泊松分布。

(2) 不考虑串件拼修。

上述假设是基本合理的,原因同器材周转模型。

2) 模型建立

设:

- s' 为战役期间现有装备实力维修器材的故障需求量。
- λ 为器材战时的故障率(单位:件/h)。
- Z 为现有装备实力(单位:架)。
- m 为装机器材数量, $m = Z \times b$,其中, b 为单机安装数。
- t 为战役期间预计飞行时间(单位:h)。$t = W_2 \times T_{zzsj}$,其中 W_2 为战时平均每天计划使用时间(单位:h/天), T_{zzsj} 为战役持续时间(单位:天)。

根据帕尔姆定理,假设器材的需求服从均值为 λmt 的泊松过程,则故障消耗数 x 服从均值为 λmt 的泊松分布,即

$$P(X = x \mid \lambda mt) = \frac{(\lambda mt)^{x} e^{-\lambda mt}}{x!} \quad x = 0,1,2,\cdots \tag{5.30}$$

根据战时故障率、单机安装数、现有装备实力、战役期间预计飞行时间等因素,利用均值为 λmt 的泊松分布,以自然故障累积概率达到90%以上为约束,建立故障需求数 s 的测算模型,即

$$\begin{aligned} s' = \{ s' \mid P(x \leqslant s') = \sum_{x=0} P(X = x \mid \lambda mt), \\ P(x \leqslant s') \geqslant 90\% > P(x \leqslant s' - 1) \} \end{aligned} \tag{5.31}$$

当然故障累积概率刚达到90%以上时的需求数 s 即为 3 个月作战期限内现有装备实力维修器材的故障需求量。

5.5.5 战损需求预测模型

1) 假设条件

器材作战损伤为随机事件且相互独立,损伤率恒定,需求服从二项分布。

2) 模型建立

设:

- s'' 为战役期间现有装备实力维修器材的战损需求量。
- P 为作战期间飞机平均日出动强度(单位:次/架·天)。
- α 为飞机战伤率。
- α_S 为器材战伤率。飞机部件的战伤概率由飞机受威胁的具体条件以及

飞机本身结构决定,即使相同的部件,如果所受威胁的具体条件不同,战伤概率也不相同。因为战场环境错综复杂,我军也没有相关的数据样本以供研究,严格准确测算每一项器材的战伤概率是不可能的。有些文献根据机翼、尾翼、机头等不同部位的表面积来计算不同部位器材的战伤率,但是实际上,飞机的一个部位被击中,那么这个部位一定范围内的器材都可能损坏,而不是只有被攻击点的某一项器材会损坏。因此,本书假设整个飞机包括 B 个这样的模块,任意一个模块被击中,其所属器材均受损伤。例如,机身可分为 3 个模块,每一个机翼可分为 3 个模块,每一个水平尾翼可作为 1 个模块,每一个垂直尾翼可作为 1 个模块;另外,飞机一般包括 2 个机翼、2 个水平尾翼,1~2 个垂直尾翼。因此,飞机可以大致分为战伤概率相同的 12~13 个模块,具体数量可以根据不同飞机结构、大小而定。那么,器材的战伤概率与飞机战伤率的关系为 $\alpha_S=\dfrac{\alpha}{B}$。该方法是对器材战伤概率的简单估计,估计值一般会比实际器材的战伤概率高,在经费允许的情况下,采用该方法是比较简便可行的。

- β 为飞机地面损伤率。
- β_s 为器材地面损伤率。器材的地面损伤率与飞机地面损伤率的关系为 $\beta_s=\dfrac{\beta}{B}$。
- p 为器材作战损伤率,$p=\alpha_s+\beta_s$。
- T_{zzsj} 为战役持续时间(单位:天)。
- Z 为现有装备实力(单位:架)。
- M 为作战期间飞机的总出动次数,$M=[P\times Z\times T_{zzsj}]$,[ ]表示向上取整。
- ϕ 为飞机战损率。
- ϕ_s 为器材战损率。器材的战损率与飞机战损率的关系为 $\phi_s=\dfrac{\phi}{B}$。
- φ 为飞机空袭地面损失率。
- φ_s 为器材空袭地面损失率。器材的空袭地面损失率与飞机空袭地面损失率的关系为 $\varphi_s=\dfrac{\varphi}{B}$。
- γ 为器材作战损失率,$\gamma=\phi_s+\varphi_s$。由于战斗或空袭地面时飞机的损失意味着彻底报废,其维修器材不再需要供应。因此,飞机存在一定的战损率,所需要储备的战储器材应适当减少。
- x 为器材在作战期间的可能战损量。

则一个机型现有装备实力在一定作战期限内的战损需求量为

$$s'' = \min\{s'' \mid 90\% \leqslant \sum_{x=0}^{s''} \binom{M}{x} p^x (1-p)^{M-x}\} \times (1-\gamma) \tag{5.32}$$

在战损累积概率刚好达到 90% 以上时的 s'' 即为战役期间现有装备实力维修器材的战损需求量。

5.5.6 战储模型

设：

- s''' 为一定规模装备一定作战期限内维修器材的战储标准。
- υ 为战损消耗的器材中原来预计发生故障的器材所占比例。
- Z 为现有装备实力(单位:架)。
- Z' 为参战装备规模(单位:架)。
- b 为单机安装数。
- β 为作战期间到寿数与装机数量的比例。
- n_{ds} 为作战期间到寿数，$n_{ds} = bZ'\beta$ 。
- ξ 为专家经验系数，主要根据各型飞机维修器材的重要程度、故障率等因素确定。

则参战的一定规模装备一定作战期限内维修器材的战储标准 s''' 为

$$s''' = \max\{[s' + s'' \times (1-\upsilon)] \times \frac{Z'}{Z}, n_{ds}\} \times \xi \tag{5.33}$$

其中，s' 为战役期间器材的故障需求量，s'' 为战役期间器材的战损需求量。如果器材不是有寿件，那么令 $n_{ds} = 0$ 即可。

5.6 标准合理性评估方法

5.6.1 评估项目

1）消耗标准评估项目

（1）消耗标准总经费应与实际消耗基本一致。

（2）消耗标准器材项目应符合纳入平时筹措供应标准制订范围器材的确定原则。

（3）消耗标准器材数量应能反映出实际消耗规律。

2）周转标准评估项目

（1）周转标准器材项目应符合纳入平时筹措供应标准制订范围器材的确定

原则。

（2）周转标准器材数量满足实际需求的程度应进行评估，确保所测算的周转量满足外场需求的概率达到一定的水平。

（3）周转标准使每个机型达到的航材保障良好率水平应进行评估，确保在一定保障经费条件下每个机型的航材保障良好率达到要求的水平。

3）库存限额标准评估项目

（1）库存限额下限基本不会造成短缺。

（2）库存限额上限基本不会造成器材积压。

4）战储标准评估项目

（1）故障需求预测值满足自然消耗的概率达到一定水平。

（2）战损需求预测值满足战损消耗的概率达到一定水平。

5.6.2 评估方法

（1）根据实际器材保障经验，对标准器材项目、数量进行审查和修正，确保每一项器材的标准与实际消耗规律相符。

（2）根据实际保障案例，利用 OPUS10 等后勤保障仿真软件对标准进行评估和仿真验证。笔者采用航材保障良好率指标对标准能达到的保障效能进行评估，采用飞机完好率指标对假空训练任务的飞机完好情况进行仿真，这样可以全过程地观察、分析标准对器材保障水平以及飞机战斗力的影响。库存限额标准的评估与仿真验证方法详见附录 A。

第6章

分 布 检 验

目前,国内外关于航空装备维修器材需求分布的应用研究较多,存在不同的文献对相同器材采用不同统计分布的互相矛盾的情况,同时这些文献对不同类别器材的统计分布只有假设而没有实证,也未对其他分布是否适用于所提出的器材种类进行验证和说明。因此,有必要选择一定数量的典型器材,根据其保障数据进行各种统计分布的检验,所以本书将分布检验单列一章,专门研究典型器材的各种统计分布并进行非参数假设检验。

下面从分布选择、检验案例设置原则、检验方法、案例分析、相关国军标存在问题分析五个方面,对航空装备维修器材需求分布进行比较系统、全面的研究。

6.1 分布选择

在工程实践中,经常采用泊松分布、二项分布、负二项分布、威布尔分布、正态分布等来预测器材需求。其中,威布尔分布等分布参数的确定比较困难,不利于决策支持系统中模型库的编程实现,而泊松分布的计算则比较易于实现。笔者认为在器材需求计算模型便于编程实现、器材需求计算能够基本满足供应保障需要的原则下,建议优先采用泊松分布计算器材需求,具体原因如下:

(1) 地域气候条件、任务类型与任务强度等有所区别时,器材的故障规律也会有所不同,导致即使同一项器材所服从的统计分布也有所差异。另外,现有国内外研究的数据来源、统计方法等各不相同,导致器材的统计分布有所差异。最关键的是,目前没有一项研究提供各种统计分布检验的案例,因此所提出的分布假设都缺乏依据。而笔者在科研实践中对各种机型的大量故障数据样本进行分布检验后发现,大部分器材的分布都服从泊松分布,少量不服从泊松分布的器材采用泊松分布和其他各种统计分布的计算结果相差不大。实际上,根据部队专家意见,采用泊松分布计算的结果对于筹供决策是基本可以接受的。对于动辄几万项器材的筹措供应标准的制订工作来说,不仅要求定量测算的准确性,还要考虑标准测算工作量的问题。因此,计算简便、易于编程实现就是一个必须要考虑的因素,因为它决定了模型的可行性、实用性。再精确的计算模型如果不易于实现,那么对标准制订工作就没有意义。所以笔者倾向于采用基本符合实际、易于编程实现的泊松分布预测需求并结合经验调整的方法来制订器材筹措供应标准。

(2) 民航在预测航材需求时一般假设器材需求服从泊松分布,而且其计算结果与实际需求基本相符,能够为航材筹措供应工作提供可靠的决策支持。波音公司的航材需求预测模型中也采用了泊松分布。因此,泊松分布的实际应用是比较广泛的,其合理性是经过国内外相关行业大量实践检验的。

6.2 检验案例设置原则

1) 机型选择原则

(1) 所选机型服役时间较长。

(2) 所选机型装备实力与飞行任务量变化不大。

(3) 所选机型包含直升机、固定翼飞机。

(4) 所选机型包含三代机、二代机。

2) 器材选择原则

(1) 可修件:机械器材、特设器材均不低于五项,以故障率高几点,重件为主。

(2) 消耗件:不进行分布检验。一是消耗件一般消耗多,标准制订得也比较高;二是机务大队质控室的故障数据基本都是可修件,而航材股的发付数据是按年统计的,无法按半年的观察期统计。

3) 样本统计原则

(1) 观察期一般为一年,但如果样本容量不大,则可以将观察期定为半年。

(2) 样本容量接近或达到30个以上,可以基本满足分布检验的要求。

6.3 检 验 方 法

为确定器材需求服从哪些统计分布,以更准确地掌握航空装备维修器材的需求规律,本书采用卡方(Chi-Square,χ^2)检验、柯尔莫哥洛夫-斯米尔诺夫(Kolmogorov-Smirnov,K-S)检验两种常用的拟合优度检验进行非参数假设检验。

拟合优度检验的原理是,比较实际频数与理论频数的累积概率间的差距,找出最大差值,然后根据最大差值来判断实际频数分布是否服从理论频数分布。

6.3.1 卡方检验

假设:

$$H_0: \text{总体 } X \text{ 的分布函数为 } F_0(x) \tag{6.1}$$

其中,$F_0(x)$ 为理论分布函数。

检验统计量为

$$\chi^2 = \sum_{i=1}^{k} \frac{(n_i - np_i)^2}{np_i} \tag{6.2}$$

其中,n 为样本总数,n_i 为观察值等于 x_i 的实测频数,p_i 为理论概率,np_i 为理论频数,k 为分组数。

一般来说,理论频数越大,该分布与卡方分布越接近,当理论频数大于或等于5时,与卡方分布符合较好。因此,当预期的理论频数较小时,一般还需要合并临近的组,尽量使各组的理论频数不低于5。

H_0 接收域为

$$\chi^2 \leqslant \chi^2{}_{1-\alpha}(k-1) \tag{6.3}$$

其中,显著性水平 $\alpha = 0.05$。

6.3.2 K-S 检验

卡方检验的适用范围较广,但当预期频数较小时,卡方检验需要合并临近的组后再计算,会导致样本失去一些信息。而 K-S 检验则不需要分组,因而它能保留更多信息,是一种比卡方检验更精细的检验方法。实际上,不论哪一种检验方法,如果改变置信水平或样本数量就有可能得到与先前相反的结果,而卡方检验还会受分组方法的影响。为确保检验的正确性,本书同时采用卡方检验和K-S检验两种方法对各种统计分布进行非参数假设检验,以尽量避免出现弃真或取伪错误。

假设:

$$H_0: F(x) = F_0(x) \tag{6.4}$$

其中，$F_0(x)$ 为理论分布函数。

检验统计量为

$$D = \max_{1<i<n} \{|F_0(x_i) - S(x_i)|, |S(x_{i-1}) - F_0(x_i)|\} \tag{6.5}$$

其中，$S(x_i)$ 为实际的累计频率，$S(x_i) = \frac{m_i}{n}$，m_i 为观察值小于或等于 x_i 的样本数量，n 为样本总数。

H_0 接收域为

$$D \leqslant D_\alpha \tag{6.6}$$

其中，显著性水平 $\alpha = 0.05$。

另外，除了根据检验统计量判断是否接受原假设以外，也可以根据 P 值（P-Value）来判断。P 值是指原假设为真的概率，是用于确定是否应该拒绝原假设的另一种方法。将 P 值与给定的显著性水平 α 比较，就可作出检验的结论，即：

如果 $P<\alpha$ 值，则在显著性水平 α 下拒绝原假设；

如果 $P\geqslant\alpha$ 值，则在显著性水平 α 下不拒绝原假设。

6.4 检验案例

6.4.1 泊松分布检验

6.4.1.1 泊松分布的卡方检验

1）A 型飞机维修器材案例

该型飞机装备实力与飞行任务量变化不大，故障数据样本统计年限为 2003—2017 年，按半年统计时的样本容量为 30，满足检验要求。

（1）某型蓄压器。该器材为机械器材，其故障数据样本如表 6.1 所列。

表 6.1　故障数据样本

i	1	2	3	4	5	6	7	8	9	10	11	12	13	14	15	16	17	18	19	20	21	22	23	24	25	26	27	28	29	30
X_i	0	1	6	3	2	1	6	4	0	4	1	2	4	2	7	1	2	4	0	5	1	0	2	0	2	2	0	1	5	2

根据该器材故障的实测频数绘制出直方图，如图 6.1 所示。

在各组理论频数不小于 5 的条件下，将样本分成 3 组。期望均值为 2.3333。卡方检验的结果如表 6.2 所列。

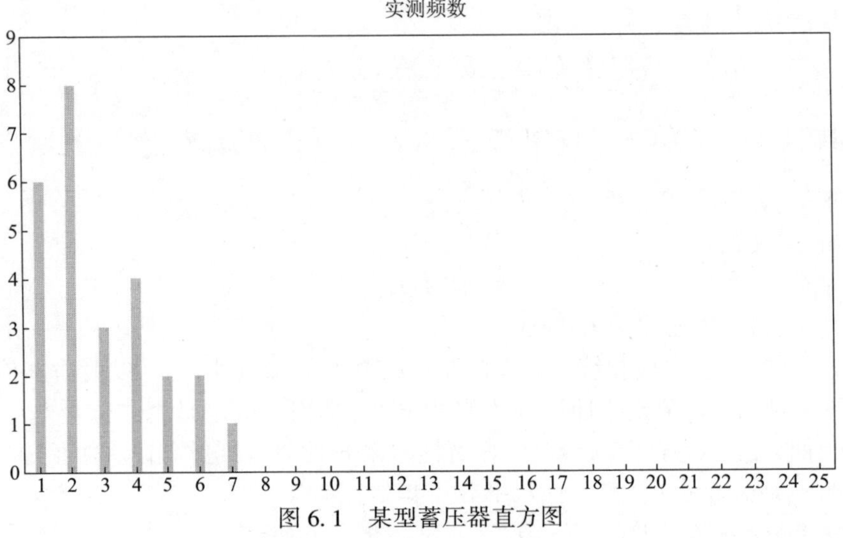

图 6.1　某型蓄压器直方图

表 6.2　卡方检验结果

分组区间	(−∞,1]	(1,3]	(3,+∞)
实测频数	12	9	9
理论概率	0.3232	0.4693	0.2075
理论频数	9.6972	14.0789	6.2239
统计量	3.7503		

卡方检验的统计量$\chi^2=3.7503$，χ^2 分布临界值$\chi^2_{0.95}(k-1)=\chi^2_{0.95}(2)=5.9915$。显然，$\chi^2<\chi^2_{0.95}(2)$，所以该器材需求服从泊松分布的假设成立。

(2) 某型离心泵。该器材为机电器材，其故障数据样本如表 6.3 所列。

表 6.3　故障数据样本

i	1	2	3	4	5	6	7	8	9	10	11	12	13	14	15	16	17	18	19	20	21	22	23	24	25	26	27	28	29	30
X_i	1	0	0	3	4	1	5	6	0	2	6	9	4	1	8	3	5	6	7	2	6	11	1	2	5	8	8	0	6	7

根据该器材故障的实测频数绘制出直方图，如图 6.2 所示。

在各组理论频数不小于 5 的条件下，将样本分成 3 组。期望均值为 4.2333。卡方检验的结果如表 6.4 所列。

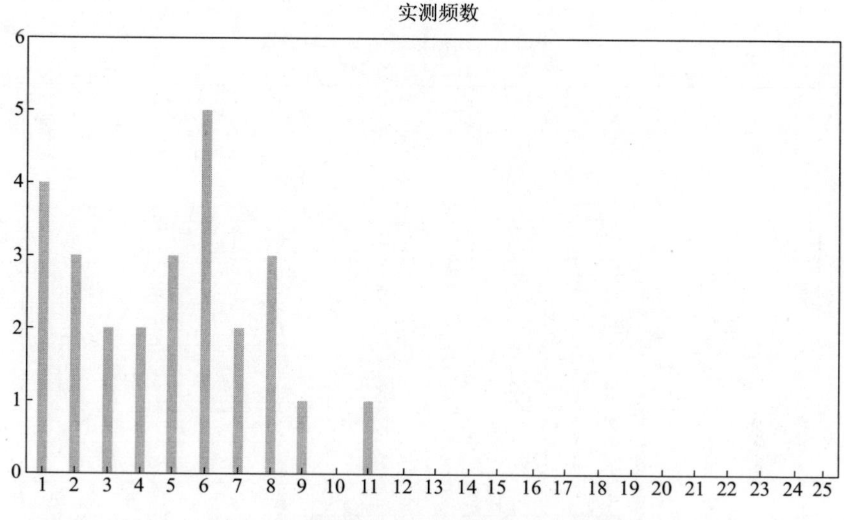

图 6.2 某型离心泵故障频数分布直方图

表 6.4 卡方检验结果

分组区间	(-∞,3]	(3,6]	(6,+∞)
实测频数	13	10	7
理论概率	0.3893	0.4744	0.1364
理论频数	11.6778	14.2310	4.0912
统计量	3.4757		

卡方检验的统计量$\chi^2=3.4757$，χ^2 分布临界值$\chi^2_{0.95}(k-1)=\chi^2_{0.95}(2)=5.9915$。显然，$\chi^2<\chi^2_{0.95}(2)$，所以该器材需求服从泊松分布的假设成立。

(3) 某型传感器。该器材为特设器材，其故障数据样本如表 6.5 所列。

表 6.5 故障数据样本

i	1	2	3	4	5	6	7	8	9	10	11	12	13	14	15	16	17	18	19	20	21	22	23	24	25	26	27	28	29	30
X_i	0	1	1	1	6	2	14	14	11	8	10	8	14	9	9	4	6	5	8	1	7	4	5	5	7	12	17	6	21	2

根据该器材故障的实测频数绘制出直方图，如图 6.3 所示。

在各组理论频数不小于 5 的条件下，将样本分成 4 组。期望均值为 7.2667。卡方检验的结果如表 6.6 所列。

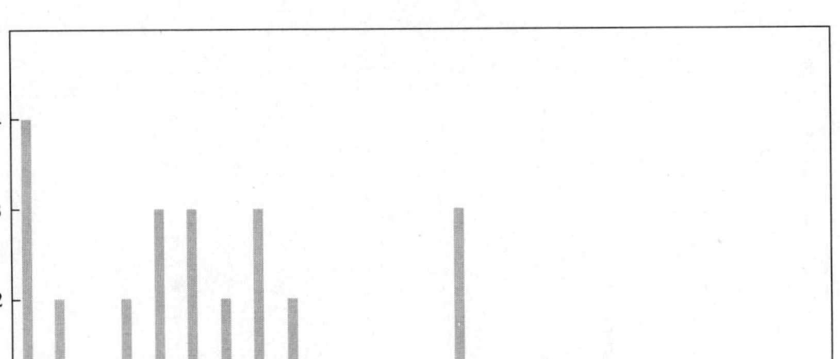

图 6.3　某型传感器故障频数分布直方图

表 6.6　卡方检验结果

分组区间	(−∞,5]	(5,7]	(7,9]	(9,+∞)
实测频数	12	5	5	8
理论概率	0.2680	0.2911	0.2434	0.1975
理论频数	8.0386	8.7328	7.3024	5.9262
统计量	4.9993			

卡方检验的统计量$\chi^2=4.9993$，χ^2 分布临界值$\chi^2_{0.95}(k-1)=\chi^2_{0.95}(3)=7.8147$。显然，$\chi^2<\chi^2_{0.95}(3)$，所以该器材需求服从泊松分布的假设成立。

(4) 某型电台。该器材为特设器材，其故障数据样本如表 6.7 所列。

表 6.7　故障数据样本

i	1	2	3	4	5	6	7	8	9	10	11	12	13	14	15	16	17	18	19	20	21	22	23	24	25	26	27	28	29	30
X_i	0	1	6	6	4	6	7	4	11	5	11	9	5	8	10	5	14	2	10	8	8	5	8	10	14	15	7	9	9	5

根据该器材故障的实测频数绘制出直方图，如图 6.4 所示。

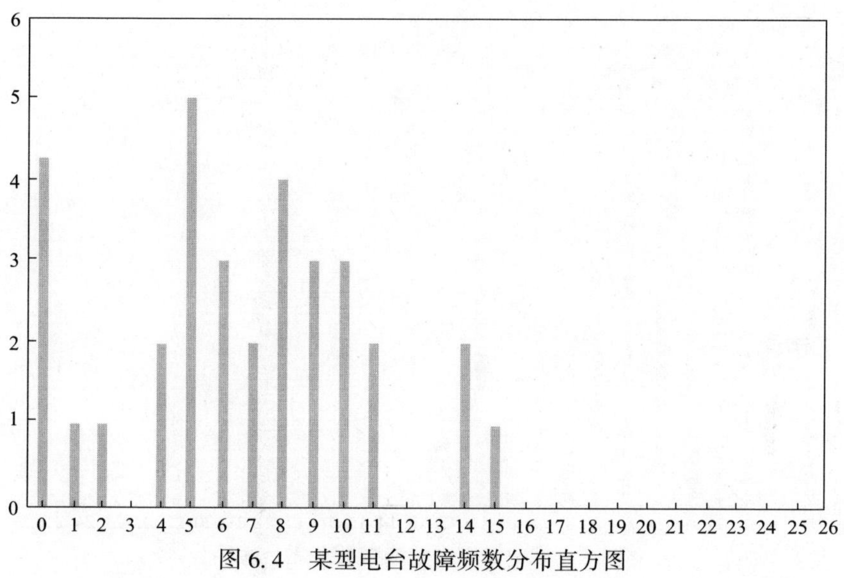

图 6.4 某型电台故障频数分布直方图

在各组理论频数不小于 5 的条件下,将样本分成 3 组。期望均值为 7.4。卡方检验的结果如表 6.8 所列。

表 6.8 卡方检验结果

分组区间	$(-\infty,5]$	$(5,9]$	$(9,+\infty)$
实测频数	10	12	8
理论概率	0.2526	0.5352	0.2123
理论频数	7.5767	16.0554	6.3680
统计量	2.2177		

卡方检验的统计量$\chi^2=2.2177$,χ^2 分布临界值$\chi^2_{0.95}(k-1)=\chi^2_{0.95}(2)=5.9915$。显然,$\chi^2<\chi^2_{0.95}(2)$,所以该器材需求服从泊松分布的假设成立。

(5)某型高度表。该器材为特设器材,其故障数据样本如表 6.9 所列。

表 6.9 故障数据样本

i	1	2	3	4	5	6	7	8	9	10	11	12	13	14	15	16	17	18	19	20	21	22	23	24	25	26	27	28	29	30
X_i	0	1	3	6	5	11	8	11	9	2	2	1	4	11	9	9	6	2	6	0	4	10	7	12	7	5	17	6	8	2

根据该器材故障的实测频数绘制出直方图,如图 6.5 所示。

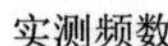

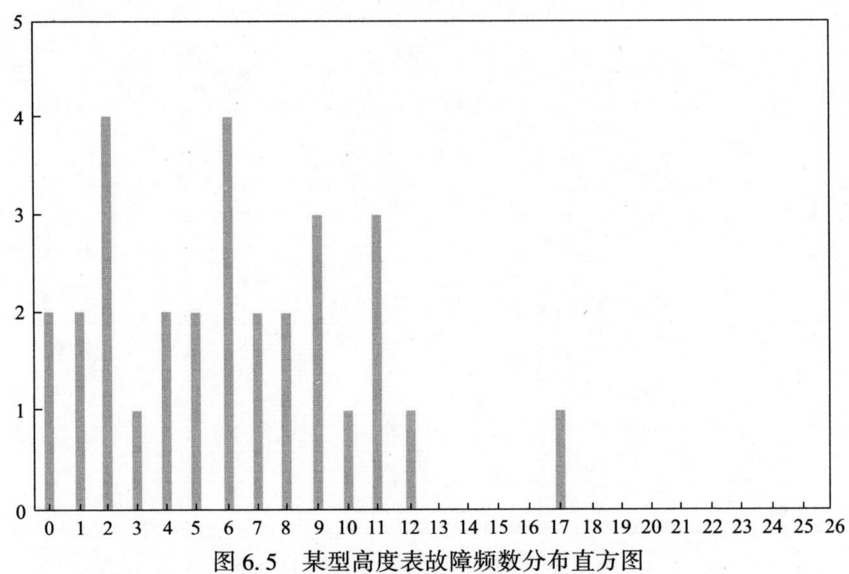

图 6.5　某型高度表故障频数分布直方图

在各组理论频数不小于 5 的条件下，将样本分成 3 组。期望均值为 6.1333。卡方检验的结果如表 6.10 所列。

表 6.10　卡方检验结果

分组区间	(−∞,4]	(4,7]	(7,+∞)
实测频数	11	8	11
理论概率	0.2676	0.4578	0.2746
理论频数	8.0282	13.7347	8.2372
统计量	4.4212		

卡方检验的统计量 $\chi^2 = 4.4212$，χ^2 分布临界值 $\chi^2_{0.95}(k-1) = \chi^2_{0.95}(2) = 5.9915$。显然，$\chi^2 < \chi^2_{0.95}(2)$，所以该器材需求服从泊松分布的假设成立。

(6) 某型陀螺。该器材为特设器材，其故障数据样本如表 6.11 所列。

表 6.11　故障数据样本

i	1	2	3	4	5	6	7	8	9	10	11	12	13	14	15	16	17	18	19	20	21	22	23	24	25	26	27	28	29	30
X_i	0	2	6	1	3	4	2	6	6	9	11	7	10	8	8	9	6	4	5	5	7	8	8	10	9	8	5	8	10	0

根据该器材故障的实测频数绘制出直方图，如图 6.6 所示。

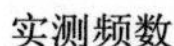

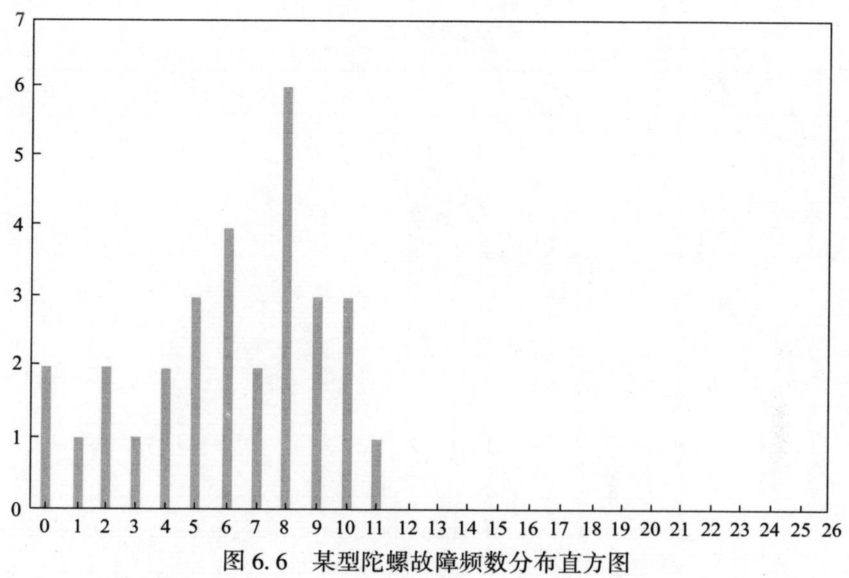

图 6.6　某型陀螺故障频数分布直方图

在各组理论频数不小于 5 的条件下，将样本分成 4 组。期望均值为 6.1667。卡方检验的结果如表 6.12 所列。

表 6.12　卡方检验结果

分组区间	(-∞,4]	(4,6]	(6,8]	(8,+∞)
实测频数	8	7	8	7
理论概率	0.2634	0.3162	0.2500	0.1704
理论频数	7.9010	9.4856	7.5002	5.1132
统计量	1.3821			

卡方检验的统计量 $\chi^2 = 1.3821$，χ^2 分布临界值 $\chi^2_{0.95}(k-1) = \chi^2_{0.95}(3) = 7.8147$。显然，$\chi^2 < \chi^2_{0.95}(3)$，所以该器材需求服从泊松分布的假设成立。

2) B 型飞机维修器材案例

该型飞机装备实力与飞行任务量变化不大，故障数据样本统计年限为 2005—2017 年，按半年统计时的样本容量为 26，基本满足检验要求。

(1) 某型伺服阀。该器材为机电器材，其故障数据样本如表 6.13 所列。

表 6.13　故障数据样本

i	1	2	3	4	5	6	7	8	9	10	11	12	13	14	15	16	17	18	19	20	21	22	23	24	25	26
X_i	6	2	6	5	5	3	8	8	16	5	12	9	9	0	7	4	1	1	0	4	2	2	4	5	9	2

根据该器材故障的实测频数绘制出直方图,如图 6.7 所示。

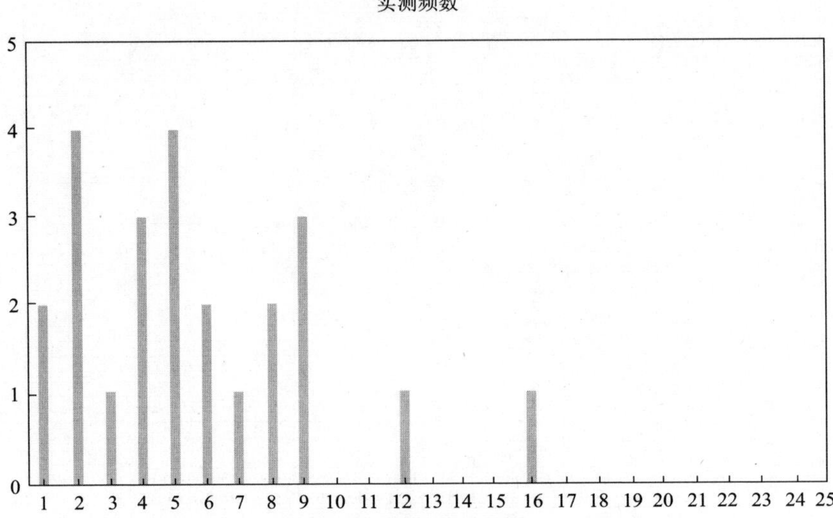

图 6.7　某型伺服阀故障频数分布直方图

在各组理论频数不小于 5 的条件下,将样本分成 3 组。期望均值为 5.1923。卡方检验的结果如表 6.14 所列。

表 6.14　卡方检验结果

分组区间	$(-\infty, 4]$	$(4, 6]$	$(6, +\infty)$
实测频数	12	6	8
理论概率	0.4074	0.3261	0.2664
理论频数	10.5930	8.4795	6.9275
统计量	1.078		

卡方检验的统计量 $\chi^2 = 1.078$,χ^2 分布临界值 $\chi^2_{0.95}(k-1) = \chi^2_{0.95}(2) = 5.9915$。显然,$\chi^2 < \chi^2_{0.95}(2)$,所以该器材需求服从泊松分布的假设成立。

(2) 某型处理机。该器材为特设器材,其故障数据样本如表 6.15 所列。

表 6.15　故障数据样本

i	1	2	3	4	5	6	7	8	9	10	11	12	13	14	15	16	17	18	19	20	21	22	23	24	25	26
X_i	0	0	1	0	1	1	8	3	6	4	8	7	2	5	12	5	7	3	3	3	3	3	2	2	3	4

根据该器材故障的实测频数绘制出直方图,如图 6.8 所示。

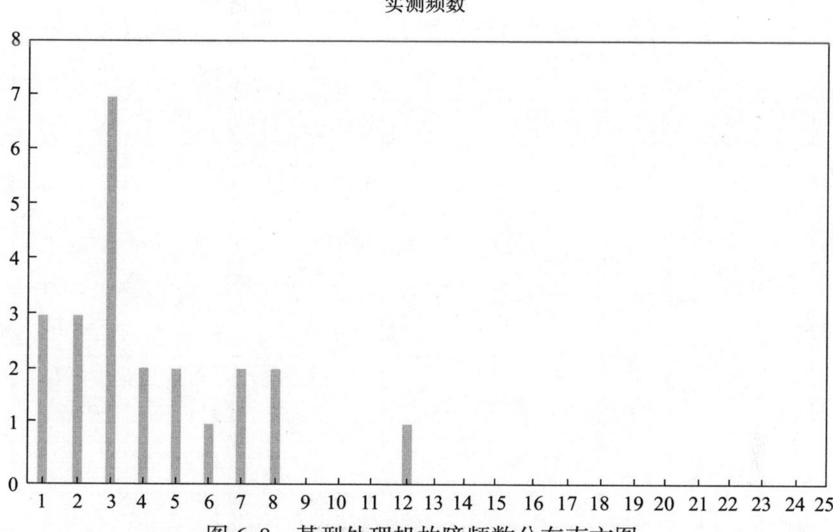

图 6.8 某型处理机故障频数分布直方图

在各组理论频数不小于 5 的条件下，将样本分成 3 组。期望均值为 3.6923。卡方检验的结果如表 6.16 所列。

表 6.16 卡方检验结果

分组区间	(−∞,2]	(2,4]	(4,+∞)
实测频数	7	9	8
理论概率	0.2867	0.4020	0.3113
理论频数	6.8817	9.6472	7.4711
统计量	0.0829		

卡方检验的统计量 $\chi^2 = 0.0829$，χ^2 分布临界值 $\chi^2_{0.95}(k-1) = \chi^2_{0.95}(2) = 5.9915$。显然，$\chi^2 < \chi^2_{0.95}(2)$，所以该器材需求服从泊松分布的假设成立。

（3）某型陀螺。该器材为特设器材，其故障数据样本如表 6.17 所列。

表 6.17 故障数据样本

i	1	2	3	4	5	6	7	8	9	10	11	12	13	14	15	16	17	18	19	20	21	22	23	24	25	26
X_i	0	1	1	4	0	3	4	3	5	3	7	7	5	6	4	2	2	4	4	6	5	7	7	3	2	3

根据该器材故障的实测频数绘制出直方图，如图 6.9 所示。

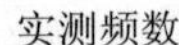

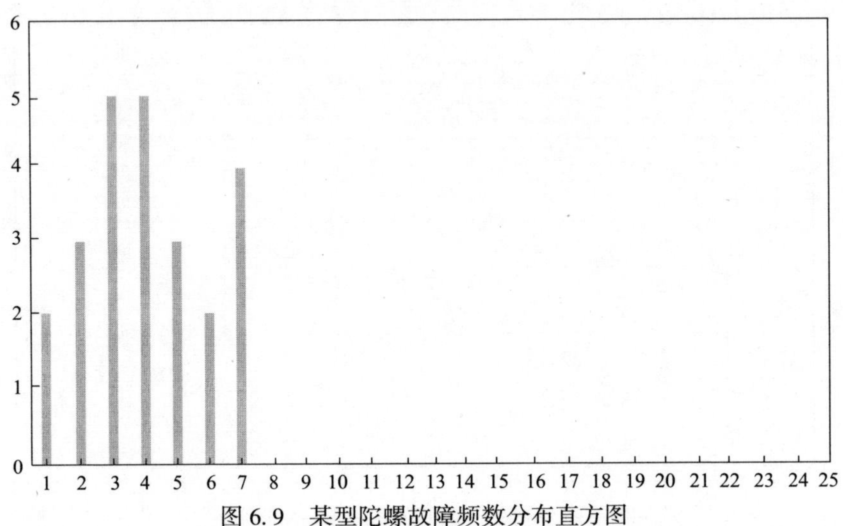

图 6.9　某型陀螺故障频数分布直方图

在各组理论频数不小于 5 的条件下，将样本分成 3 组。期望均值为 3.7692。卡方检验的结果如表 6.18 所列。

表 6.18　卡方检验结果

分组区间	$(-\infty,2]$	$(2,4]$	$(4,+\infty)$
实测频数	7	10	9
理论概率	0.2739	0.3999	0.3262
理论频数	7.1215	10.3978	8.4807
统计量	0.0491		

卡方检验的统计量 $\chi^2=0.0491$，χ^2 分布临界值 $\chi^2_{0.95}(k-1)=\chi^2_{0.95}(2)=5.9915$。显然，$\chi^2<\chi^2_{0.95}(2)$，所以该器材需求服从泊松分布的假设成立。

3) C 型飞机维修器材案例

该型飞机装备实力与飞行任务量变化不大，故障数据样本统计年限为 2005—2017 年，按半年统计时的样本容量为 26，基本满足检验要求。

(1) 某型调节器。该器材为机电器材，其故障数据样本如表 6.19 所列。

表 6.19　故障数据样本

i	1	2	3	4	5	6	7	8	9	10	11	12	13	14	15	16	17	18	19	20	21	22	23	24	25	26
X_i	1	1	2	0	0	2	9	4	2	2	4	0	0	3	2	2	1	0	6	2	4	4	9	2	2	2

根据该器材故障的实测频数绘制出直方图,如图 6.10 所示。

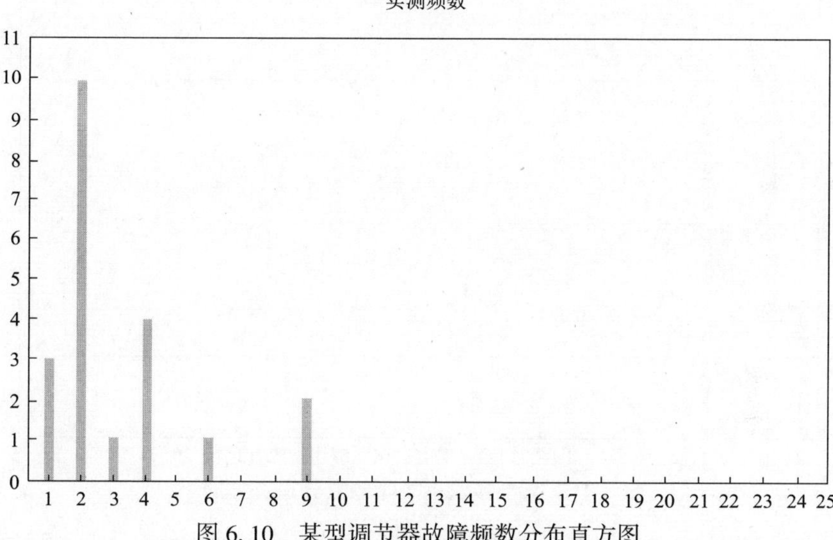

图 6.10 某型调节器故障频数分布直方图

在各组理论频数不小于 5 的条件下,将样本分成 3 组。期望均值为 2.5385。卡方检验的结果如表 6.20 所列。

表 6.20 卡方检验结果

分组区间	$(-\infty,1]$	$(1,3]$	$(3,+\infty)$
实测频数	8	11	7
理论概率	0.2795	0.4698	0.2507
理论频数	7.2669	12.2155	6.5176
统计量	0.2306		

卡方检验的统计量 $\chi^2 = 0.2306$,χ^2 分布临界值 $\chi^2{}_{0.95}(k-1) = \chi^2{}_{0.95}(2) = 5.9915$。显然,$\chi^2 < \chi^2{}_{0.95}(2)$,所以该器材需求服从泊松分布的假设成立。

(2) 某型接收机。该器材为特设器材,其故障数据样本如表 6.21 所列。

表 6.21 故障数据样本

i	1	2	3	4	5	6	7	8	9	10	11	12	13	14	15	16	17	18	19	20	21	22	23	24	25	26
X_i	0	2	0	0	0	2	0	1	3	2	1	1	0	4	4	0	2	4	4	6	13	4	11	8	9	4

根据该器材故障的实测频数绘制出直方图,如图 6.11 所示。

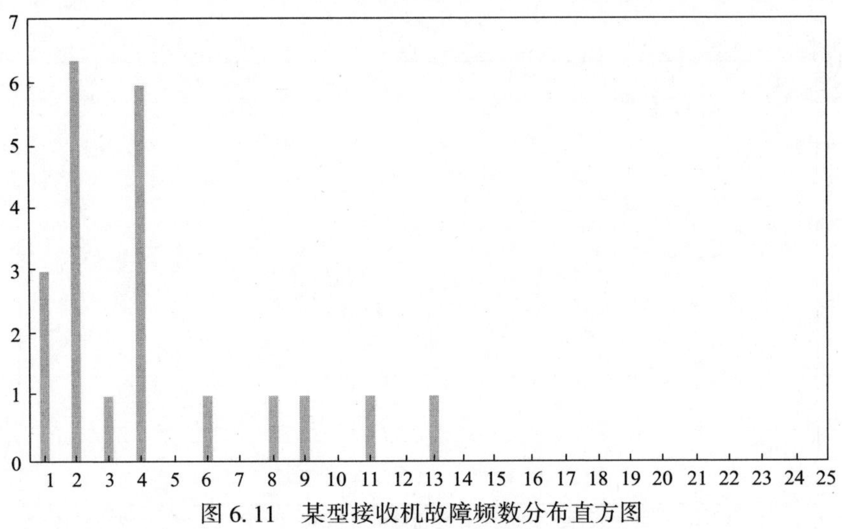

图 6.11　某型接收机故障频数分布直方图

在各组理论频数不小于 5 的条件下,将样本分成 3 组。期望均值为 3.2692。卡方检验的结果如表 6.22 所列。

表 6.22　卡方检验结果

分组区间	(−∞,3]	(3,5]	(5,+∞)
实测频数	15	6	5
理论概率	0.5871	0.2994	0.1135
理论频数	15.2658	7.7845	2.9497
统计量	1.8388		

卡方检验的统计量 $\chi^2 = 1.8388$, χ^2 分布临界值 $\chi^2_{0.95}(k-1) = \chi^2_{0.95}(2) = 5.9915$。显然, $\chi^2 < \chi^2_{0.95}(2)$,所以该器材需求服从泊松分布的假设成立。

4) D 型飞机维修器材案例

该型飞机装备实力与飞行任务量变化不大,故障数据样本统计年限为 2005—2017 年,按半年统计时的样本容量为 26,基本满足检验要求。

(1) 某型电磁活门。该器材为机电器材,其故障数据样本如表 6.23 所列。

表 6.23　故障数据样本

i	1	2	3	4	5	6	7	8	9	10	11	12	13	14	15	16	17	18	19	20	21	22	23	24	25	26
X_i	1	0	6	3	2	2	1	0	6	4	3	4	5	3	5	6	2	1	4	3	3	2	2	2	3	1

根据该器材故障的实测频数绘制出直方图,如图 6.12 所示。

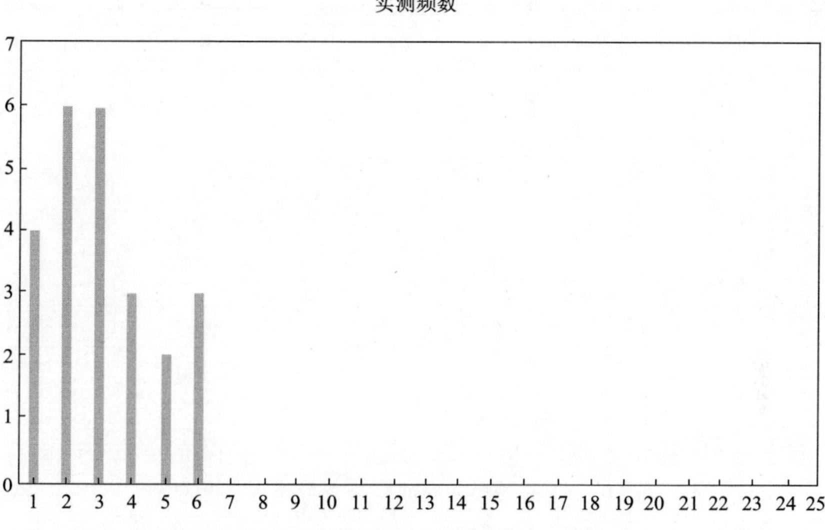

图 6.12 某型电磁活门故障频数分布直方图

在各组理论频数不小于 5 的条件下,将样本分成 3 组。期望均值为 2.8462。卡方检验的结果如表 6.24 所列。

表 6.24 卡方检验结果

分组区间	$(-\infty,2]$	$(2,3]$	$(3,+\infty)$
实测频数	11	6	8
理论概率	0.4322	0.2240	0.3438
理论频数	10.8053	5.5995	8.5952
统计量	0.0734		

卡方检验的统计量 $\chi^2 = 0.0734$,χ^2 分布临界值 $\chi^2_{0.95}(k-1) = \chi^2_{0.95}(2) = 5.9915$。显然,$\chi^2 < \chi^2_{0.95}(2)$,所以该器材需求服从泊松分布的假设成立。

(2) 某型燃油泵。该器材为机电材,其故障数据样本如表 6.25 所列。

表 6.25 故障数据样本

i	1	2	3	4	5	6	7	8	9	10	11	12	13	14	15	16	17	18	19	20	21	22	23	24	25	26
X_i	1	2	2	1	1	5	6	5	11	4	4	1	4	7	2	2	9	4	2	7	4	3	3	7	4	3

根据该器材故障的实测频数绘制出直方图,如图 6.13 所列。

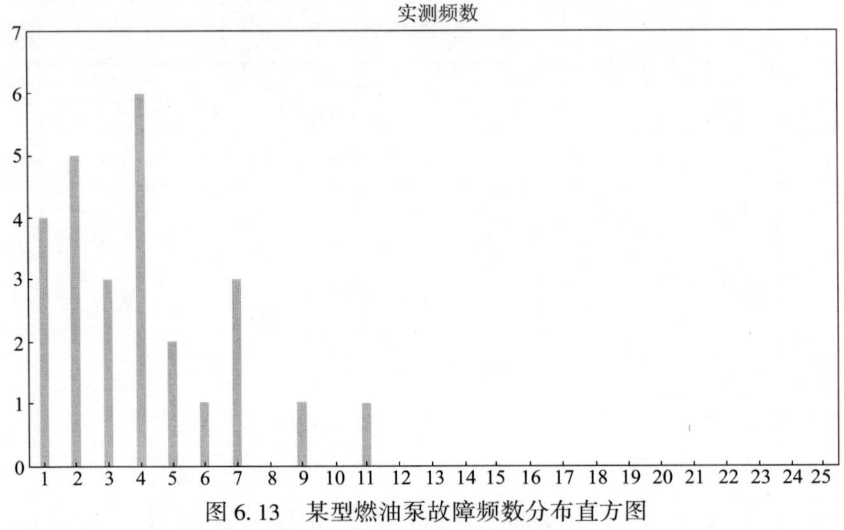

图 6.13　某型燃油泵故障频数分布直方图

在各组理论频数不小于 5 的条件下,将样本分成 3 组。期望均值为 4。卡方检验的结果如表 6.26 所列。

表 6.26　卡方检验结果

分组区间	(-∞,3]	(3,6]	(6,+∞)
实测频数	12	9	5
理论概率	0.4335	0.4559	0.1107
理论频数	11.2702	11.8523	2.8775
统计量	2.992		

卡方检验的统计量 $\chi^2 = 2.992$,χ^2 分布临界值 $\chi^2_{0.95}(k-1) = \chi^2_{0.95}(2) = 5.9915$。显然,$\chi^2 < \chi^2_{0.95}(2)$,所以该器材需求服从泊松分布的假设成立。

5) E 型飞机维修器材案例

该型飞机装备实力与飞行任务量变化不大,故障数据样本统计年限为 2005—2018 年上半年,按半年统计时的样本容量为 27,基本满足检验要求。

(1) 某型离心泵。该器材为机电器材,其故障数据样本如表 6.27 所列。

表 6.27　故障数据样本

i	1	2	3	4	5	6	7	8	9	10	11	12	13	14	15	16	17	18	19	20	21	22	23	24	25	26	27
X_i	3	1	5	6	0	2	6	9	4	1	8	3	4	6	5	2	6	10	1	2	4	8	8	0	6	8	5

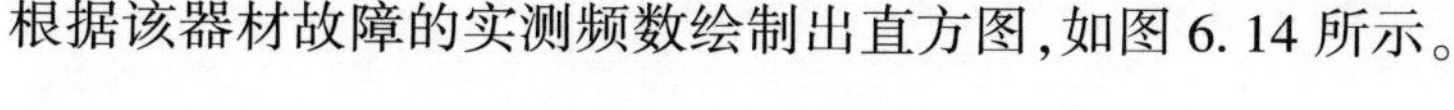

根据该器材故障的实测频数绘制出直方图，如图 6.14 所示。

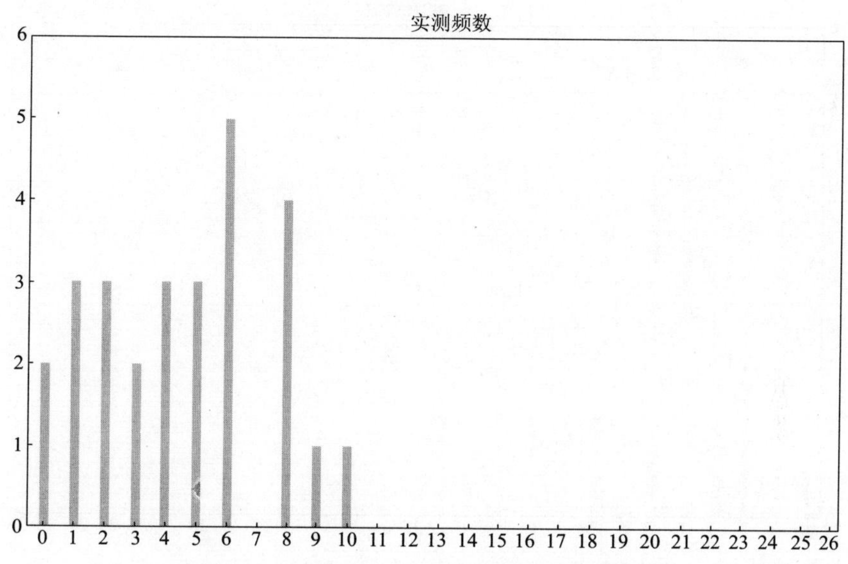

图 6.14　某型离心泵故障频数分布直方图

在各组理论频数不小于 5 的条件下，将样本分成 3 组。期望均值为 4.5556。卡方检验的结果如表 6.28 所列。

表 6.28　卡方检验结果

分组区间	$(-\infty,3]$	$(3,5]$	$(5,+\infty)$
实测频数	10	6	11
理论概率	0.3330	0.3604	0.3066
理论频数	8.9913	9.7309	8.2779
统计量	2.4388		

卡方检验的统计量 $\chi^2 = 2.4388$，χ^2 分布临界值 $\chi^2{}_{0.95}(k-1)=\chi^2{}_{0.95}(2)=5.9915$。显然，$\chi^2 < \chi^2{}_{0.95}(2)$，所以该器材需求服从泊松分布的假设成立。

（2）某型控制盒。该器材为特设器材，其故障数据样本如表 6.29 所列。

表 6.29　故障数据样本

i	1	2	3	4	5	6	7	8	9	10	11	12	13	14	15	16	17	18	19	20	21	22	23	24	25	26	27
X_i	0	0	2	5	4	5	4	6	3	5	1	2	6	4	5	4	8	12	4	7	5	11	3	14	12	8	3

根据该器材故障的实测频数绘制出直方图,如图 6.15 所示。

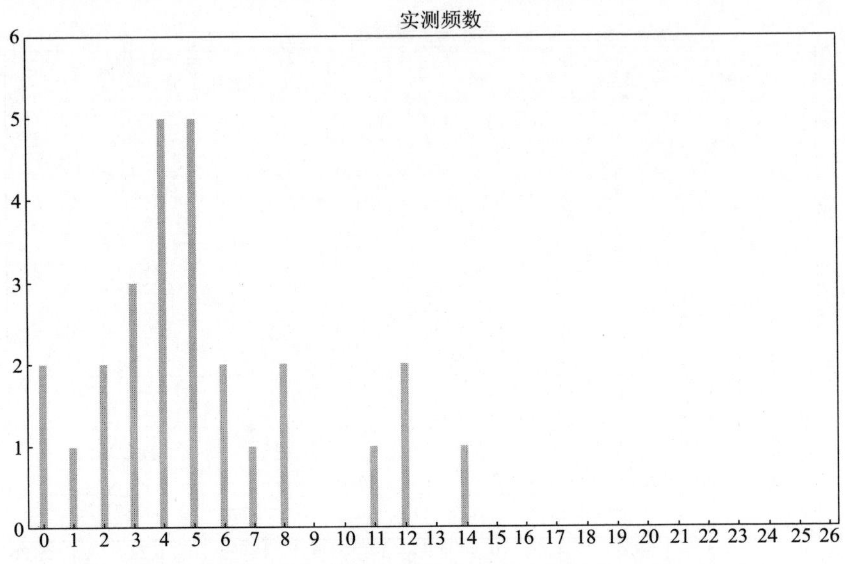

图 6.15　某型控制盒故障频数分布直方图

在各组理论频数不小于 5 的条件下,将样本分成 3 组。期望均值为 5.2963。卡方检验的结果如表 6.30 所列。

表 6.30　卡方检验结果

分组区间	$(-\infty,3]$	$(3,6]$	$(6,+\infty)$
实测频数	8	12	7
理论概率	0.2259	0.4918	0.2823
理论频数	6.0985	13.2795	7.6220
统计量	0.767		

卡方检验的统计量 $\chi^2 = 0.767$, χ^2 分布临界值 $\chi^2_{0.95}(k-1) = \chi^2_{0.95}(2) = 5.9915$。显然, $\chi^2 < \chi^2_{0.95}(2)$,所以该器材需求服从泊松分布的假设成立。

(3) 某型罗盘。该器材为特设器材,其故障数据样本如表 6.31 所列。

表 6.31　故障数据样本

i	1	2	3	4	5	6	7	8	9	10	11	12	13	14	15	16	17	18	19	20	21	22	23	24	25	26	27
X_i	4	4	4	5	8	2	3	8	8	4	0	1	4	5	4	0	1	1	3	2	4	2	8	4	1	3	0

根据该器材故障的实测频数绘制出直方图,如图 6.16 所示。

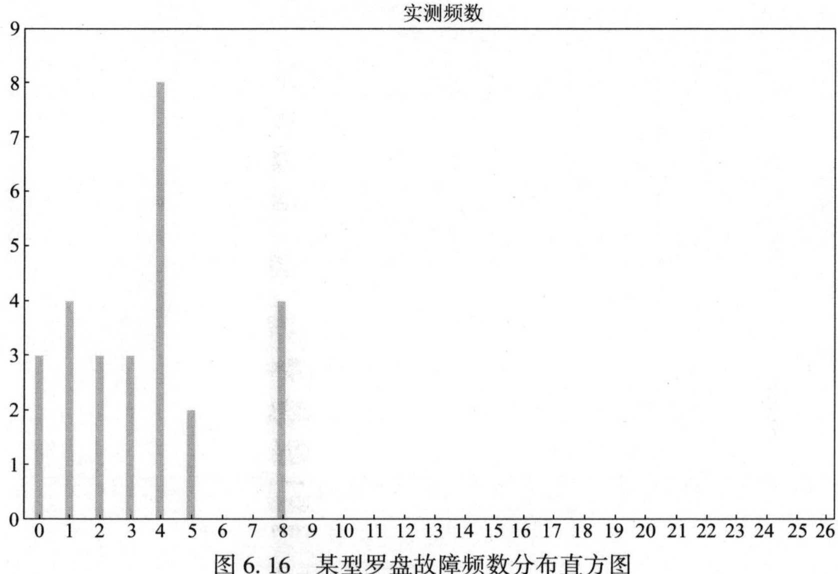

图 6.16　某型罗盘故障频数分布直方图

在各组理论频数不小于 5 的条件下,将样本分成 3 组。期望均值为 3.4444。卡方检验的结果如表 6.32 所列。

表 6.32　卡方检验结果

分组区间	(−∞,2]	(2,4]	(4,+∞)
实测频数	10	11	6
理论概率	0.3312	0.4046	0.2641
理论频数	8.9436	10.9254	7.1309
统计量	0.3046		

卡方检验的统计量$\chi^2 = 0.3046$,χ^2 分布临界值$\chi^2_{0.95}(k-1) = \chi^2_{0.95}(2) = 5.9915$。显然,$\chi^2 < \chi^2_{0.95}(2)$,所以该器材需求服从泊松分布的假设成立。

(4) 某型收发机。该器材为特设器材,其故障数据样本如表 6.33 所列。

表 6.33　故障数据样本

i	1	2	3	4	5	6	7	8	9	10	11	12	13	14	15	16	17	18	19	20	21	22	23	24	25	26	27
X_i	3	6	6	3	5	8	5	3	3	6	3	2	1	3	1	1	2	1	5	2	7	5	4	5	4	5	5

根据该器材故障的实测频数绘制出直方图,如图 6.17 所示。

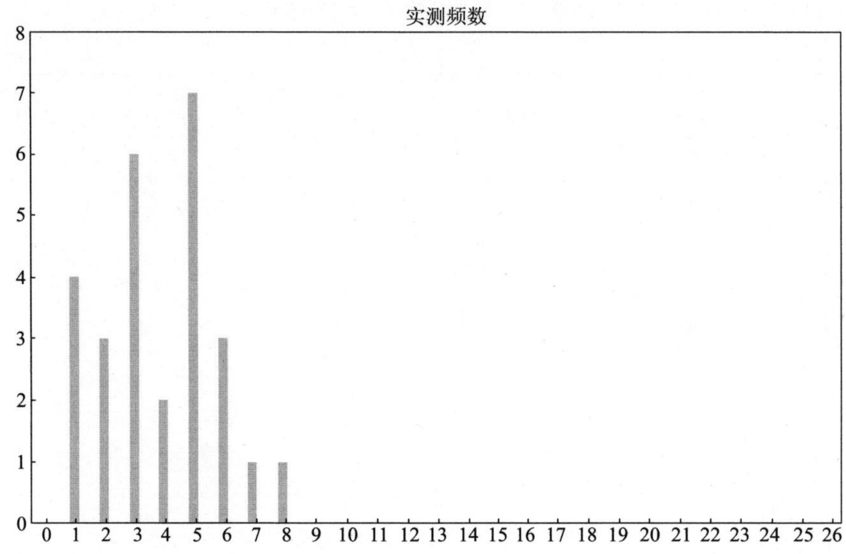

图 6.17 某型收发机故障频数分布直方图

在各组理论频数不小于 5 的条件下,将样本分成 3 组。期望均值为 3.8519。卡方检验的结果如表 6.34 所列。

表 6.34 卡方检验结果

分组区间	$(-\infty,2]$	$(2,4]$	$(4,+\infty)$
实测频数	7	8	12
理论概率	0.2606	0.3971	0.3422
理论频数	7.0369	10.7225	9.2407
统计量	1.5154		

卡方检验的统计量$\chi^2=1.5154$,χ^2 分布临界值$\chi^2_{0.95}(k-1)=\chi^2_{0.95}(2)=5.9915$。显然,$\chi^2<\chi^2_{0.95}(2)$,所以该器材需求服从泊松分布的假设成立。

(5) 某型传感器。该器材为特设器材,其故障数据样本如表 6.35 所列。

表 6.35 故障数据样本

i	1	2	3	4	5	6	7	8	9	10	11	12	13	14	15	16	17	18	19	20	21	22	23	24	25	26	27
X_i	6	2	15	14	14	9	10	8	14	8	9	3	6	5	7	1	7	4	5	5	7	12	18	6	7	4	2

根据该器材故障的实测频数绘制出直方图,如图 6.18 所示。

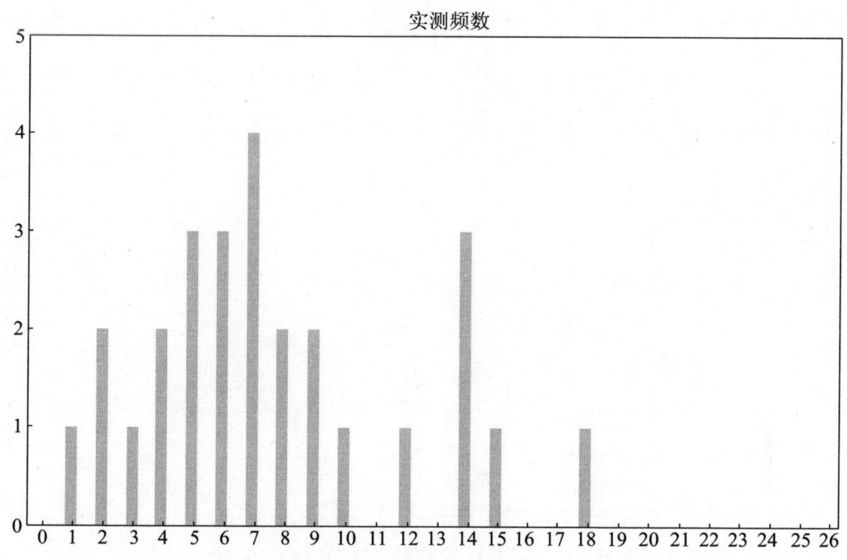

图 6.18　某型传感器故障频数分布直方图

在各组理论频数不小于 5 的条件下，将样本分成 3 组。期望均值为 7.7037。卡方检验的结果如表 6.36 所列。

表 6.36　卡方检验结果

分组区间	$(-\infty,5]$	$(5,9]$	$(9,+\infty)$
实测频数	9	11	7
理论概率	0.2199	0.5327	0.2474
理论频数	5.9375	14.3838	6.6787
统计量	2.391		

卡方检验的统计量 $\chi^2 = 2.391$，χ^2 分布临界值 $\chi^2_{0.95}(k-1) = \chi^2_{0.95}(2) = 5.9915$。显然，$\chi^2 < \chi^2_{0.95}(2)$，所以该器材需求服从泊松分布的假设成立。

（6）某型仪表。该器材为特设器材，其故障数据样本如表 6.37 所列。

表 6.37　故障数据样本

i	1	2	3	4	5	6	7	8	9	10	11	12	13	14	15	16	17	18	19	20	21	22	23	24	25	26	27
X_i	8	11	12	13	10	8	17	11	8	8	11	14	13	12	6	7	4	5	6	6	3	13	10	8	8	17	8

根据该器材故障的实测频数绘制出直方图，如图 6.19 所示。

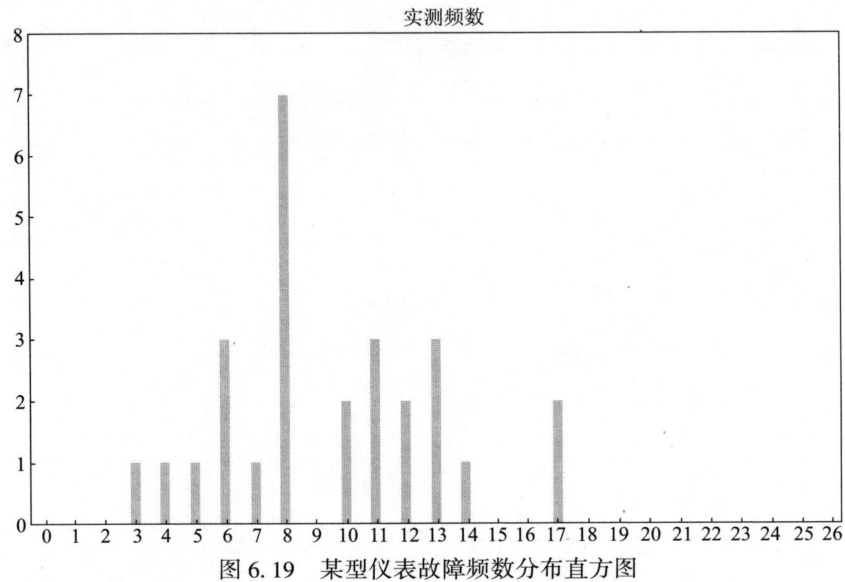

图 6.19　某型仪表故障频数分布直方图

在各组理论频数不小于 5 的条件下，将样本分成 3 组。期望均值为 9.5185，卡方检验的结果如表 6.38 所列。

表 6.38　卡方检验结果

分组区间	(-∞,7]	(7,11]	(11,+∞)
实测频数	7	12	8
理论概率	0.2667	0.4833	0.2500
理论频数	7.2022	13.0481	6.7497
统计量	0.3215		

卡方检验的统计量 $\chi^2 = 0.3215$，χ^2 分布临界值 $\chi^2_{0.95}(k-1) = \chi^2_{0.95}(2) = 5.9915$。显然 $\chi^2 < \chi^2_{0.95}(2)$，所以该器材需求服从泊松分布的假设成立。

6.4.1.2　泊松分布的 K-S 检验

为进一步验证卡方检验的结果，笔者采用统计分析软件 SPSS Statistics 针对上述五型飞机的典型器材进行 K-S 检验，结果如表 6.39 所列。

由该表可见，所有器材的 P 值都大于 0.05，说明这些器材的需求服从泊松分布的假设可以接受，从而进一步验证了卡方分布的结果。

表 6.39　泊松分布的 K-S 检验结果

器材项目	样本容量	均值	最极端差别			K-S 统计量	P 值	所属机型
			绝对值	正	负			
蓄压器	30	2.33	0.103	0.103	-0.093	0.564	0.908	A
离心泵	30	4.23	0.191	0.191	-0.148	1.045	0.225	
传感器	30	7.27	0.209	0.209	-0.15	1.145	0.145	
电台	30	7.4	0.081	0.081	-0.08	0.442	0.99	
高度表	30	6.13	0.21	0.21	-0.133	1.152	0.14	
陀螺	30	6.17	0.154	0.112	-0.154	0.844	0.475	
伺服阀	26	5.19	0.198	0.198	-0.115	1.011	0.258	B
处理机	26	3.69	0.12	0.12	-0.111	0.61	0.851	
陀螺	26	3.77	0.066	0.054	-0.066	0.336	1	
调节器	26	2.54	0.158	0.158	-0.076	0.807	0.532	C
接收机	26	3.27	0.231	0.231	-0.135	1.179	0.124	
电磁活门	26	2.85	0.046	0.026	-0.046	0.235	1	D
燃油泵	26	4	0.108	0.108	-0.082	0.551	0.922	
离心泵	27	4.56	0.131	0.129	-0.131	0.681	0.743	E
控制盒	27	5.3	0.128	0.103	-0.128	0.666	0.766	
罗盘	27	3.44	0.123	0.117	-0.123	0.642	0.805	
收发机	27	3.85	0.102	0.045	-0.102	0.531	0.941	
传感器	27	7.7	0.159	0.113	-0.159	0.826	0.502	
仪表	27	9.52	0.129	0.129	-0.057	0.67	0.76	

6.4.2　多种分布检验

根据几十个机型实际统计的故障数据,笔者没有发现一项故障时工作时次登记较全的器材。而由于器材故障时的工作时次缺漏太多,导致找不到一项能够进行截尾试验的器材。因此,在实际统计预测工作中难以获得器材的故障率函数,无法更准确地分析器材的故障趋势。另外,由于缺乏实际故障时的工作时次样本,一些统计分布的参数也就无法根据平均无故障工作时间计算,只能根据历年故障数来估计,对预测结果的准确性会有所影响。

下面以某型起动机为例,采用统计分析软件 Easyfit 对比较常用的几种统计分布进行非参数假设检验。

该起动机为机电器材,其故障数据样本如表 6.40 所列。

表 6.40　故障数据样本

i	1	2	3	4	5	6	7	8	9	10	11	12	13	14	15	16	17	18	19	20	21	22	23	24	25	26	27	28	29	30
X_i	0	0	3	3	5	2	4	4	9	4	6	8	7	8	6	11	8	8	17	14	9	11	9	13	12	12	9	8	4	3

根据该器材故障的实测频数绘制出直方图,如图 6.20 所示。

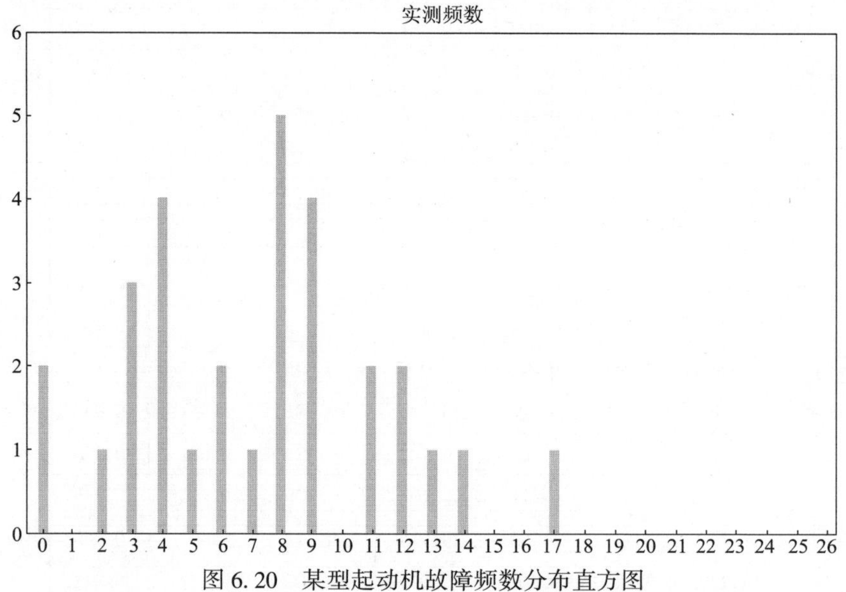

图 6.20　某型起动机故障频数分布直方图

1) 连续分布

(1) 正态分布。假设该起动机需求服从正态分布,则 K-S 检验和卡方检验的结果如表 6.41 所列。

由该表可见,不论是 K-S 检验,还是卡方检验,P 值均大于显著性水平 0.01、0.02、0.05、0.1、0.2,这表示不管在哪一个显著性水平条件下,都可以接受原假设。

表 6.41　正态分布的 K-S 检验和卡方检验结果

K-S 检验	
样本容量	30
K-S 统计量	0.1154
P 值	0.7771

（续）

K-S 检验					
显著性水平	0.2	0.1	0.05	0.02	0.01
K-S 临界值	0.1903	0.2176	0.2417	0.2702	0.2899
是否拒绝?	No	No	No	No	No
卡方检验					
自由度 卡方统计量 P 值	2 1.9159 0.3837				
显著性水平	0.2	0.1	0.05	0.02	0.01
卡方临界值	3.2189	4.6052	5.9915	7.824	9.2103
是否拒绝?	No	No	No	No	No

（2）威布尔分布。假设该起动机需求服从威布尔分布，K-S 检验和卡方检验的结果如表 6.42 所列。

由该表可见，K-S 检验在显著性水平为 0.01、0.02、0.05、0.1、0.2 的条件下均能接受原假设，卡方检验只在显著性水平为 0.2 的条件下拒绝原假设。

表 6.42　威布尔分布的 K-S 检验和卡方检验结果

K-S 检验					
样本容量 K-S 统计量 P 值	30 0.1744 0.2865				
显著性水平	0.2	0.1	0.05	0.02	0.01
K-S 临界值	0.1903	0.2176	0.2417	0.2702	0.2899
是否拒绝?	No	No	No	No	No
卡方检验					
自由度 卡方统计量 P 值	2 3.6114 0.1644				
显著性水平	0.2	0.1	0.05	0.02	0.01
卡方临界值	3.2189	4.6052	5.9915	7.824	9.2103
是否拒绝?	Yes	No	No	No	No

(3) 指数分布。假设该起动机需求服从指数分布,K-S 检验和卡方检验的结果如表 6.43 所列。

由该表可见,K-S 检验在显著性水平为 0.01、0.02、0.05 的条件下能接受原假设,卡方检验只在显著性水平为 0.01 的条件下能接受原假设。

表 6.43　指数分布的 K-S 检验和卡方检验结果

K-S 检验					
样本容量 K-S 统计量 P 值	30 0.2395 0.0534				
显著性水平	0.2	0.1	0.05	0.02	0.01
K-S 临界值	0.1903	0.2176	0.2417	0.2702	0.2899
是否拒绝?	Yes	Yes	No	No	No
卡方检验					
自由度 卡方统计量 P 值	3 10.363 0.0157				
显著性水平	0.2	0.1	0.05	0.02	0.01
卡方临界值	4.6416	6.2514	7.8147	9.8374	11.345
是否拒绝?	Yes	Yes	Yes	Yes	No

2) 离散分布

(1) 泊松分布。假设该起动机需求服从泊松分布,采用 K-S 检验,结果如表 6.44 所列。

由该表可见,该起动机在显著性水平为 0.01、0.02、0.05 的条件下可以接受原假设。

表 6.44　泊松分布的 K-S 检验结果

K-S 检验					
样本容量 K-S 统计量 P 值	30 0.2315 0.0676				
显著性水平	0.2	0.1	0.05	0.02	0.01
K-S 临界值	0.1903	0.2176	0.2417	0.2702	0.2899
是否拒绝?	Yes	Yes	No	No	No

(2) 负二项分布。假设该起动机需求服从负二项分布,采用 K-S 检验,结果如表 6.45 所列。

由该表可见,该起动机只在显著性水平为 0.01、0.02 的条件下可以接受原假设。另外,负二项分布的差均比大于 1,二项分布的差均比则小于 1,二者之中同时只能有一个接受原假设,因此该起动机需求不会接受服从二项分布的假设。

表 6.45 负二项分布的 K-S 检验结果

K-S 检验					
样本容量 K-S 统计量 P 值	30 0.2698 0.0203				
显著性水平	0.2	0.1	0.05	0.02	0.01
K-S 临界值	0.1903	0.2176	0.2417	0.2702	0.2899
是否拒绝?	Yes	Yes	Yes	No	No

3) 相关说明

(1) 该起动机的样本观察期为半年,如果观察期为一年,那么其标准差会更大,即意味着其故障样本数据的波动更大或者说其故障数的离散程度更高。该器材序号为 19 的故障数样本显示故障比较集中,但其中有一定数量的故障是在现场完成排故,没有更换备件,即说明这些故障对备件没有产生需求。由于该器材的故障复杂多样,能够现场排除的故障难以预料,所以采用故障数据所制订的标准会偏大一些。器材保障部门认为,标准适当大一些能够更好地确保器材需求得到满足,而实际采用故障数据所制订的标准总体上也是比较合理的,基本可以接受。但是,也存在更换备件较少、现场排故较多的器材,这时采用故障数制订的标准和实际偏差比较大。不过不用过于担心,因为实践表明这样的器材极少,可由部队专家判别修正。因此,本书制订器材筹措供应标准时,仍是优先采用机务大队质控室的故障数据,其次采用航材股的送修和发付数据。

(2) 将多种分布的 K-S 检验统计量进行比较,可以看出,在正态分布、威布尔分布、指数分布三种连续分布中,正态分布的检验统计量最小,指数分布的检验统计量最大,这说明正态分布的拟合度最高而指数分布的拟合度最低;同样可以看出,在泊松分布、负二项分布两种离散分布中,泊松分布的拟合度较高,负二项分布的拟合度较低。对于该起动机来说,在显著性水平 0.05 条件下,正态分布、威布尔分布、泊松分布和指数分布均接受原假设,所以均可用于测算器材需求。

(3) 不同分布的拟合曲线如图 6.21、图 6.22 所示,可以看出指数分布与实际分布相差较大,泊松分布、正态分布与威布尔分布比较接近实际分布。因此泊松分布、正态分布与威布尔分布均可用于计算器材需求,其精度高于其他分布。

另外,根据图 6.21 可见,指数分布曲线与实际相差较大,但是在显著性水平为 0.05 时,卡方检验接受服从指数分布的假设,但是 K-S 假设则不接受该假设。如果 P 值比 0.05 大,并不能表示该器材故障不服从指数分布,只表示其可能性较低。事实上,0.05 的阈值是一种任意约定,95%的置信区间本身也是一种任意约定,我们要正确看待统计的科学性,但也要接受统计的不确定性。

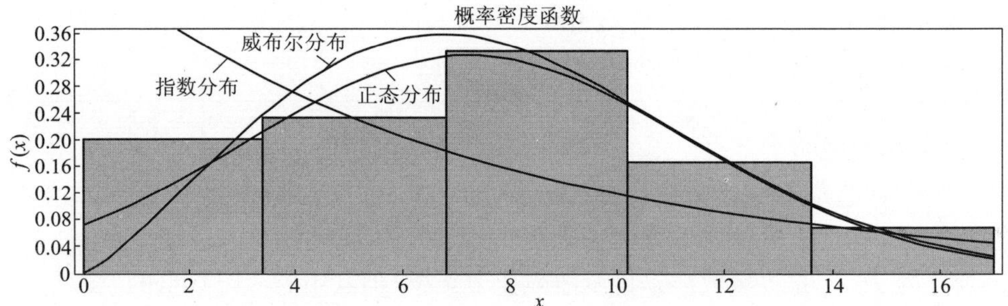

图 6.21 正态分布、威布尔分布与指数分布拟合曲线

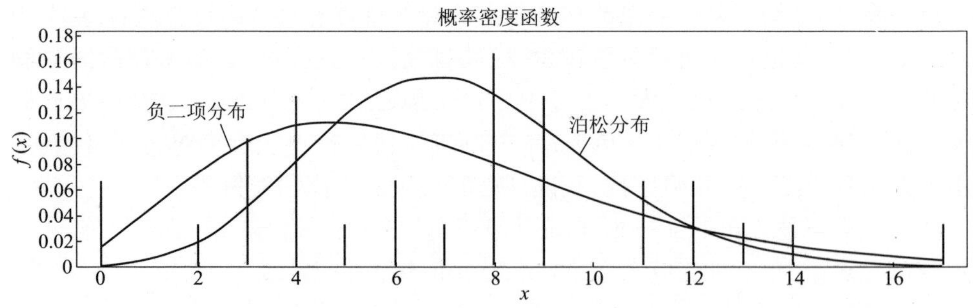

图 6.22 泊松分布与负二项分布拟合曲线

6.5 相关国军标存在问题分析

因为国军标是我军制订航空装备维修器材筹措供应标准的重要依据，现有的相关国军标主要是 GJB 8257—2014《通用雷达装备维修器材筹措供应标准编制要求》、GJB 4355—2002《备件供应规划要求》。但是，这两个国军标中有些内容不太合理，甚至在一些地方互相矛盾，下面对这两个国军标存在的问题进行详细分析。

6.5.1 GJB 8257—2014 存在问题

1）需求分布简介

（1）电子类器材：包括半导体器件、插件板、印制电路板、电真空器件等，均为指数寿命件，其需求采用指数分布与泊松分布计算。

（2）机械类器材：包括金属件、轮胎、变压器、灯泡等，均为正态寿命件，其需求采用正态分布计算。

（3）其他器材：包括橡胶件、木材件、布料件、纸质件等，其寿命按经验数据给定，需求没有提出采用哪一种分布计算。

2）存在问题

（1）该国军标中器材的分类不合理。例如，“机械类器材”中的轮胎实际也是“其他器材”中的橡胶件；“机械类器材”中的变压器、灯泡并不是“机械类器材”，而是电气器材，而该国军标中并没有提到电气器材；“其他器材”中根据所列举的例子，显然是不包含电气器材的。

（2）该国军标提出“维修器材按寿命分布分为指数寿命件、正态寿命件和威布尔寿命件等几种典型形式”，但没有明确阐述威布尔寿命件包括哪些器材。

（3）该国军标只给出了指数寿命件和正态分布寿命件的计算方法，并没有给出威布尔寿命件的计算方法。

（4）该国军标对哪些器材的寿命或需求服从哪一种或几种分布形式没有进行检验。

6.5.2 GJB 4355—2002 存在问题

1）需求分布简介

（1）电子零部件：包括印制电路板插件、电子部件、电阻、电容、集成电路等，均为指数寿命件，其需求采用泊松分布和正态分布计算。

(2) 机械件:包括汇流环、齿轮箱、减速器等,均为正态寿命件,其需求采用正态分布计算。

(3) 机电件:包括滚珠轴承、继电器、开关、断路器、某些电容器、电子管、磁控管、电位计、陀螺、电动机、航空发动机、蓄电池、液压泵、空气涡轮发动机、齿轮、活门、材料疲劳件等,均为威布尔寿命件,其需求采用威布尔分布计算。

2) 存在问题

(1) 该国军标中器材的分类不合理。例如,“机电件”中的轴承、机械式液压泵、齿轮、机械式活门都是“机械件”,而不是“机电件”;继电器、电容器、电子管、陀螺、蓄电池并不是“机电件”,而是电子、电气等特设器材。

将上述两个国军标的器材分类进行对比后发现:

① 第一类均为电子类器材,所包含的器材基本相同。

② 第二类都是机械类器材,但是所包含的的器材有所区别,其中 GJB 8257—2014 不仅包含机械器材,还包含电气器材等非机械的器材。

③ 第三类差别很大,GJB 4355—2002 中的第三类是“机电件”,GJB 8257—2014 中的第三类是 “其他器材”(橡胶件、木材件、布料件、纸质件等),显然不是一类器材。

(2) 该国军标对哪些器材的寿命或需求服从哪一种或几种分布形式也没有进行检验。

6.5.3 结论

(1) 关于器材分类的表述,两个国军标不仅本身自相矛盾,而且它们之间也互相矛盾。因此,这两个国军标的器材分类方法不准确,本书不予采用。

(2) 两个国军标只是直接提出哪些器材是哪一种寿命件、哪一种寿命件的需求采用哪一种统计分布计算,而没有进行比较系统全面地验证,所以缺乏说服力。因此,本书仅将其关于不同器材服从何种统计分布的相关描述作为一种假设性的提法,仅作参考,不作为标准测算的依据。

(3) 分布检验案例证明了器材需求服从泊松分布,而这些器材基本涵盖了两个国军标提出的每一类器材。但是,两个国军标关于不同类别器材需求的统计分布的提法与分布检验结果不符,也和笔者大量实践结果不符。另外,本书提供的分布检验案例中没有电子零部件。事实上,在实际的供应保障工作中,电子零部件因为单价很低,为便于筹措和供应保障,一般均储备得较多,所以所制订的筹措供应标准一般会高一些。因此,从实际工作需要考虑,对于这类器材没有必要研究其准确的统计分布。

第7章

标准算例分析

7.1 装备实力与任务数据

某型飞机历年的装备实力、单机飞行小时如表 7.1 所列。

表 7.1 某型飞机历年的装备实力、单机飞行小时

年度	2005	2006	2007	2008	2009	2010	2011	2012	2013	2014	2015	2016	2017
装备实力 Z_i	70	70	70	70	65	69	69	69	69	65	65	65	65
单机飞行小时 t_i	237	237	127	181	186	185	191	193	217	231	223	238	243

由表 7.1 可知:

(1) 该机型数据统计的年数 $Q=13$ 年。

(2) 现有装备实力 $Z_Q=65$。

(3) 利用近 5 年的单机飞行时间计算,根据式(4.1),经过反复调试确定了这五年的权系数分别为 0.05、0.1、0.2、0.3、0.35,则单机年计划飞行时间为

$$\hat{t} = 0.05 \times 217 + 0.1 \times 223 + 0.2 \times 231 + 0.3 \times 238 + 0.35 \times 243 = 235.8\,(\mathrm{h})$$

另外,因为单机安装数对年消耗量和年周转量的计算没有影响,所以下面算例中没有明确单机安装数的器材均假设其单机安装数 $b=1$。

根据周转优化模型,在不考虑过去无消耗的器材、低价消耗件,也不考虑到寿消耗、任务携行等所需周转量的情况下,需要对 372 项器材的周转标准进行优化。在利用周转优化模型进行优化配置的过程中,只需要配置三步就使该型飞机的航材保障良好率达到所要求的 95%以上——第三步配置后的航材保障良好率为 95.51%。第一步至第三步配置的器材分别是单向活门、转换活门、液压传感器,以下算例不包含这三项器材,所以在下面各算例中不需要对周转优化模

型的应用情况进行说明。因为仅配置三项器材就使装备的系统保障效能达到要求的水平,所以这也说明了利用周转模型测算的周转标准总体上是合理的,周转优化模型只需要优化少量器材即可使周转库存结构达到要求的航材保障良好率水平。

7.2 消耗标准算例

7.2.1 消耗件

1）某型前轮胎

（1）该器材是有寿消耗件,2018—2020 年装机器材的到寿数分别为 80 条、60 条、40 条,历年故障数如表 7.2 所列。

表 7.2 某型轮胎的历年故障数

年度	2005	2006	2007	2008	2009	2010	2011	2012	2013	2014	2015	2016	2017
消耗数 x_i	50	113	102	130	161	121	125	177	220	166	167	150	200

（2）计算过程。

① 计算平均故障率。

根据式(5.1),平均故障率为

$$\bar{\lambda} = \frac{\sum_{i=1}^{Q} x_i}{b \times \sum_{i=1}^{Q} (t_i \times Z_i)} \approx 0.0103\ (条/\mathrm{h})$$

② 计算最大故障率。

根据式(5.2),最大故障率为

$$\lambda_{\max} = \max_{i=1,2,\cdots,Q} \left\{ \frac{x_i}{b \times t_i \times Z_i} \mid t_i \times Z_i > \hat{t} \times Z_Q \times \xi \right\} \approx 0.0147\ (条/\mathrm{h})$$

③ 计算故障率。

根据专家意见,经过大量反复测算,设置 $\bar{\lambda}$、$\lambda_{\max}$ 的权系数分别为 0.5、0.5,最终故障率为

$$\lambda = 0.5\bar{\lambda} + 0.5\lambda_{\max} \approx 0.0125\ (条/\mathrm{h})$$

④ 计算现有装备实力维修器材的基本年消耗量。

根据式(5.3),基本年消耗量为

$$n_0' = \lambda \times \hat{t} \times Z_Q \times b + \overline{K} \approx 191.9165 + \frac{80 + 60 + 40}{3} = 251.9165\ (\text{条})$$

⑤ 调整现有装备实力维修器材的年消耗标准。

根据专家意见,气候地理条件、机务维修水平、飞行员飞行技能的修正因子均为 1,专家修正因子为 $\theta_4 = 1.1$。

根据式(5.6),修正后的年消耗量为

$$n' = n_0' \times \theta_4 = 251.9165 \times 1.1 \approx 277.1082\ (\text{条})$$

⑥ 计算单装消耗标准。

现有装备实力为 65,则该器材的单装消耗标准为

$$277.1082 \div 65 \approx 4.2632(\text{条})$$

2) 某型滤芯

(1) 该器材是纯消耗件,历年故障数如表 7.3 所列。

表 7.3 某型滤芯的历年故障数

年度	2005	2006	2007	2008	2009	2010	2011	2012	2013	2014	2015	2016	2017
消耗数 x_i	0	0	0	0	0	4	20	13	14	18	20	28	22

(2) 计算过程。

① 计算平均故障率。根据式(5.1),平均故障率为

$$\overline{\lambda} = \frac{\sum_{i=1}^{Q} x_i}{b \times \sum_{i=1}^{Q} (t_i \times Z_i)} \approx 0.0008\ (\text{件/h})$$

② 计算最大故障率。根据式(5.2),最大故障率为

$$\lambda_{\max} = \max_{i=1,2,\cdots,Q} \left\{ \frac{x_i}{b \times t_i \times Z_i} \mid t_i \times Z_i > \hat{t} \times Z_Q \times \xi \right\} \approx 0.0021\ (\text{件/h})$$

③ 计算故障率。根据专家意见,经过大量反复测算,设置 $\overline{\lambda}$ 、$\lambda_{\max}$ 的权系数分别为 0.5、0.5,最终故障率为

$$\lambda = 0.5\overline{\lambda} + 0.5\lambda_{\max} \approx 0.0014\ (\text{件/h})$$

④ 计算现有装备实力维修器材的基本年消耗量。根据式(5.3),基本年消耗量为

$$n_0' = \lambda \times \hat{t} \times Z_Q \times b \approx 22.1316\ (\text{件})$$

⑤ 调整现有装备实力维修器材的年消耗标准。根据专家意见,气候地理条件、机务维修水平、飞行员飞行技能的修正因子均为 1,专家修正因子为 $\theta_4 = 1.1$。

根据式(5.6),修正后的年消耗量为

$$n' = n_0' \times \theta_4 = 22.1316 \times 1.1 \approx 24.3448\ (\text{件})$$

⑥ 计算单装消耗标准。该器材的单装消耗标准为

$$24.3448 \div 65 \approx 0.3745(\text{件})$$

7.2.2 可修件

1) 某型起动机

(1) 该器材是有寿可修件,2018—2020 年装机器材的到寿数分别为 36 件、20 件、52 件,单价为 100 万元,历年故障数如表 7.4 所列。

表 7.4 某型起动机的历年故障数

年度	2005	2006	2007	2008	2009	2010	2011	2012	2013	2014	2015	2016	2017
消耗数 x_i	11	21	29	34	40	30	23	17	33	29	22	50	54

(2) 计算过程。

① 计算平均故障率。

根据式(5.1),平均故障率为

$$\overline{\lambda} = \frac{\sum_{i=1}^{Q} x_i}{b \times \sum_{i=1}^{Q} (t_i \times Z_i)} \approx 0.0022\ (\text{件/h})$$

② 计算最大故障率。

根据式(5.2),最大故障率为

$$\lambda_{\max} = \max_{i=1,2,\cdots,Q} \left\{ \frac{x_i}{b \times t_i \times Z_i} \mid t_i \times Z_i > \hat{t} \times Z_Q \times \xi \right\} \approx 0.0034\ (\text{件/h})$$

③ 计算故障率。

根据专家意见,经过大量反复测算,设置 $\overline{\lambda}$ 、$\lambda_{\max}$ 的权系数分别为 0.5、0.5,最终故障率为

$$\lambda = 0.5\overline{\lambda} + 0.5\lambda_{\max} \approx 0.0027\ (\text{件/小时})$$

④ 计算现有装备实力维修器材的基本年消耗量。

如果作为消耗件考虑,根据式(5.3),其基本年消耗量为

$$n_0' = \lambda \times \hat{t} \times Z_Q \times b + \bar{K} \approx 42.7628 + \frac{36 + 20 + 52}{3} = 78.7628\ (\text{件})$$

该器材是可修件,其消耗标准不是 n_0',而应为年均消耗掉的数量 n_0''。已知该器材的(待)报废数量 $\rho = 0$。根据专家意见,报废系数 $\sigma = 0.09$。

根据式(5.5),则该器材最终的基本年消耗量为

$$n_0'' = n_0' \times \sigma = 78.7628 \times 0.09 = 7.0886\ (\text{件})$$

⑤ 调整现有装备实力维修器材的年消耗标准。

根据专家意见,气候地理条件、机务维修水平、飞行员飞行技能等修正因子均为1。

根据式(5.6),修正后的基本年消耗量为

$$n' = n_0'' = 7.0886\ (\text{件})$$

⑥ 计算单装消耗标准。

该器材的单装消耗标准为

$$7.0886 \div 65 \approx 0.1091(\text{件})$$

2) 某型计算机

(1) 该器材是无寿可修件,单价为55.2万元,历年故障数如表7.5所列。

表 7.5 某型计算机的历年故障数

年度	2005	2006	2007	2008	2009	2010	2011	2012	2013	2014	2015	2016	2017
消耗数 x_i	7	6	8	10	14	12	4	5	13	14	10	20	12

(2) 计算过程。

① 计算平均故障率。根据式(5.1),平均故障率为

$$\bar{\lambda} = \frac{\sum_{i=1}^{Q} x_i}{b \times \sum_{i=1}^{Q} (t_i \times Z_i)} \approx 0.0007\ (\text{件/h})$$

② 计算最大故障率。根据式(5.2),最大故障率为

$$\lambda_{\max} = \max_{i=1,2,\cdots,Q} \left\{ \frac{x_i}{b \times t_i \times Z_i} \mid t_i \times Z_i > \hat{t} \times Z_Q \times \xi \right\} \approx 0.0013\ (\text{件/h})$$

③ 计算故障率。根据专家意见,经过大量反复测算,设置 $\bar{\lambda}$、$\lambda_{\max}$ 的权系数分别为0.5、0.5,最终故障率为

$$\lambda = 0.5\bar{\lambda} + 0.5\lambda_{max} \approx 0.001\ (件/h)$$

④ 计算现有装备实力维修器材的基本年消耗量。如果作为消耗件考虑，根据式(5.3)，其基本年消耗量为

$$n_0' = \lambda \times \hat{t} \times Z_Q \times b \approx 15.5971\ (件)$$

该器材是可修件，其消耗标准不是 n_0'，而应为年均消耗掉的数量 n_0''。由于该器材是无寿可修件，所以 $\bar{K} = 0$。同时已知该器材历年的总(待)报废数 $y = 2$ 件，该机型服役 13 年，则年均(待)报废数为

$$\bar{y} = \frac{2}{13} = 0.1538\ (件)$$

根据式(5.5)，则该器材最终的基本年消耗量为

$$n_0'' = \bar{y} = 0.1538\ (件)$$

⑤ 调整现有装备实力维修器材的年消耗标准。

根据专家意见，气候地理条件、机务维修水平、飞行员飞行技能等修正因子均为 1。

根据式(5.6)，修正后的基本年消耗量为

$$n' = n_0'' = 0.1538\ (件)$$

⑥ 计算单装消耗标准。该器材的单装消耗标准为

$$0.1538 \div 65 \approx 0.0024(件)$$

7.3 周转标准算例

7.3.1 消耗件

1) 某型气门芯

(1) 该器材是纯消耗件，供货周期 $T_1 = 365$ 天，历年故障数如表 7.6 所列。

表 7.6 某型气门芯的历年故障数

年度	2005	2006	2007	2008	2009	2010	2011	2012	2013	2014	2015	2016	2017
消耗数 x_i	370	566	445	484	495	690	320	330	478	532	635	420	250

(2) 计算过程。

① 计算故障率。根据式(5.1)，平均故障率为

$$\bar{\lambda} = \frac{\sum_{i=1}^{Q} x_i}{b \times \sum_{i=1}^{Q} (t_i \times Z_i)} \approx 0.0331 \text{ (件/h)}$$

根据式(5.2),最大故障率为

$$\lambda_{\max} = \max_{i=1,2,\cdots,Q} \left\{ \frac{x_i}{b \times t_i \times Z_i} \mid t_i \times Z_i > \hat{t} \times Z_Q \times \xi \right\} \approx 0.0541 \text{ (件/h)}$$

根据专家意见,经过大量反复测算,设置 $\bar{\lambda}$ 、$\lambda_{\max}$ 的权系数分别为 0.6、0.4,其故障率为

$$\lambda = \bar{\lambda} \times 0.6 + \lambda_{\max} \times 0.4 \approx 0.0415 \text{ (件/h)}$$

② 计算现有装备实力维修器材的故障周转数。

根据式(5.13)、式(5.14),绘制该器材不缺件概率分布图,如图 7.1 所示。

根据式(5.11)、式(5.12),计算出该器材的不缺件概率正好达到 90%时的故障周转数为

$$s_1 = 668 \text{ (件)}$$

③ 计算现有装备实力维修器材的基本年周转量。

已知该器材任务携行需求 $s_5=0$。根据式(5.7),该器材的基本年周转量计算值为

$$s_{\mathrm{I}} = s_1 = 668 \text{ (件)}$$

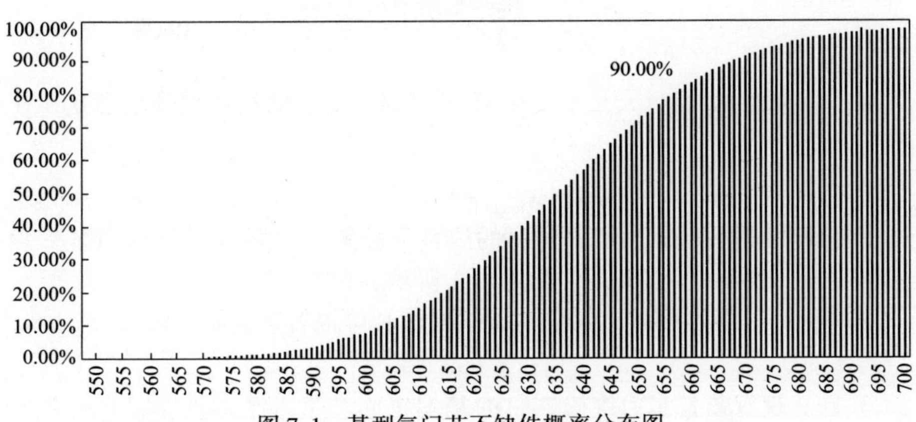

图 7.1　某型气门芯不缺件概率分布图

④ 调整现有装备实力维修器材的基本年周转量。根据专家意见,气候地理

条件、机务维修水平、飞行员飞行技能的修正因子均为 1，专家修正因子 $\theta_4 = 1.2$。

根据式(5.19)，修正后的年周转量为

$$s' = s_{\mathrm{I}} \times 1.2 \approx 802\ (\text{件})$$

⑤ 计算单装周转标准。该器材的单装周转标准为

$$802 \div 65 \approx 12.3385(\text{件})$$

2) 某型主轮胎

(1) 该器材是有寿消耗件，供货周期 $T_1 = 365$ 天，2018—2020 年装机器材的到寿数分别为 136 条、158 条、180 条，历年故障数如表 7.7 所列。

表 7.7 某型主轮胎的历年故障数

年度	2005	2006	2007	2008	2009	2010	2011	2012	2013	2014	2015	2016	2017
消耗数 x_i	251	467	454	669	735	493	496	374	387	319	324	270	400

(2) 计算过程。

① 计算故障率。根据式(5.1)，平均故障率为

$$\bar{\lambda} = \frac{\sum_{i=1}^{Q} x_i}{b \times \sum_{i=1}^{Q} (t_i \times Z_i)} \approx 0.031\ (\text{条/h})$$

根据式(5.2)，最大故障率为

$$\lambda_{\max} = \max_{i=1,2,\cdots,Q} \left\{ \frac{x_i}{b \times t_i \times Z_i} \mid t_i \times Z_i > \hat{t} \times Z_Q \times \xi \right\} \approx 0.0608\ (\text{条/h})$$

根据专家意见，经过大量反复测算，设置 $\bar{\lambda}$、$\lambda_{\max}$ 的权系数分别为 0.6、0.4，其故障率为

$$\lambda = \bar{\lambda} \times 0.6 + \lambda_{\max} \times 0.4 \approx 0.0429\ (\text{条/h})$$

② 计算现有装备实力维修器材的故障周转数。根据式(5.13)、式(5.14)，绘制该器材不缺件概率分布图，如图 7.2 所示。

该器材的不缺件概率正好达到 90%时的故障周转数为

$$s_1 = 690\ (\text{条})$$

③ 计算现有装备实力维修器材的基本年周转量。已知该器材任务携行需求 $s_5 = 0$。根据式(5.9)，该器材的基本年周转量计算值为

$$s_{\mathrm{III}} = s_1 + \max\{K_1, K_2, K_3\} = 690 + \max\{136, 158, 180\} = 870\ (\text{条})$$

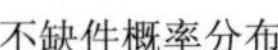

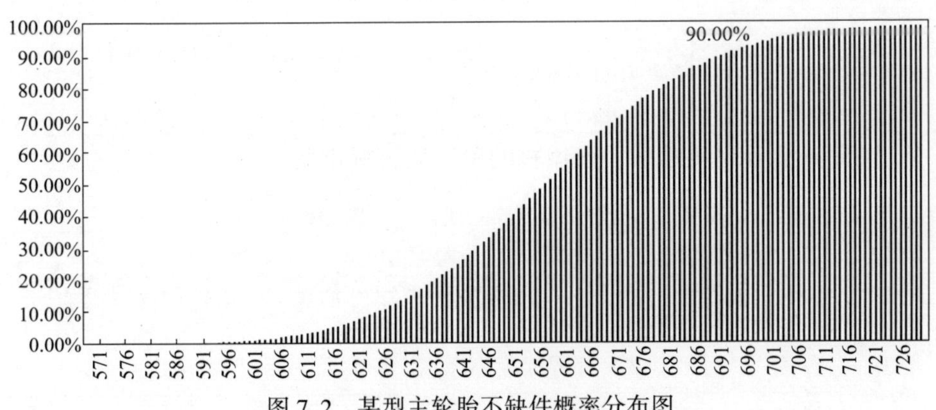

图 7.2 某型主轮胎不缺件概率分布图

④ 调整现有装备实力维修器材的基本年周转量。根据专家意见,气候地理条件、机务维修水平、飞行员飞行技能的修正因子均为 1,专家修正因子 $\theta_4 = 1.1$。根据式(5.19),修正后的年消耗量为

$$s' = s_{\mathrm{III}} \times 1.1 = 957\ (条)$$

⑤ 计算单装周转标准。该器材的单装周转标准为

$$957 \div 65 \approx 14.7231(条)$$

7.3.2 可修件

1) 某型惯导系统

(1) 该器材是无寿可修件,单价为 190 万元,供货周期 $T_1 = 365$ 天,送修周期 $T_2 = 150$ 天,历年故障数如表 7.8 所列。

表 7.8 某型惯导系统的历年故障数

年度	2005	2006	2007	2008	2009	2010	2011	2012	2013	2014	2015	2016	2017
消耗数 x_i	0	0	1	0	13	11	12	12	9	14	12	7	8

(2) 计算过程。

① 计算故障率。根据式(5.1),平均故障率为

$$\bar{\lambda} = \frac{\sum_{i=1}^{Q} x_i}{b \times \sum_{i=1}^{Q} (t_i \times Z_i)} \approx 0.0005\ (件/\mathrm{h})$$

根据式(5.2),最大故障率为

$$\lambda_{\max} = \max_{i=1,2,\cdots,Q}\left\{\frac{x_i}{b \times t_i \times Z_i} \mid t_i \times Z_i > \hat{t} \times Z_Q \times \xi\right\} \approx 0.0011\ (件/h)$$

根据专家意见,经过大量反复测算,设置 $\overline{\lambda}$、$\lambda_{\max}$ 的权系数分别为 0.52、0.48,其故障率为

$$\lambda = \overline{\lambda} \times 0.52 + \lambda_{\max} \times 0.48 \approx 0.0008\ (件/h)$$

② 计算现有装备实力维修器材的故障周转数

根据式(5.13)、式(5.14),绘制该器材不缺件概率分布图,如图 7.3 所示。

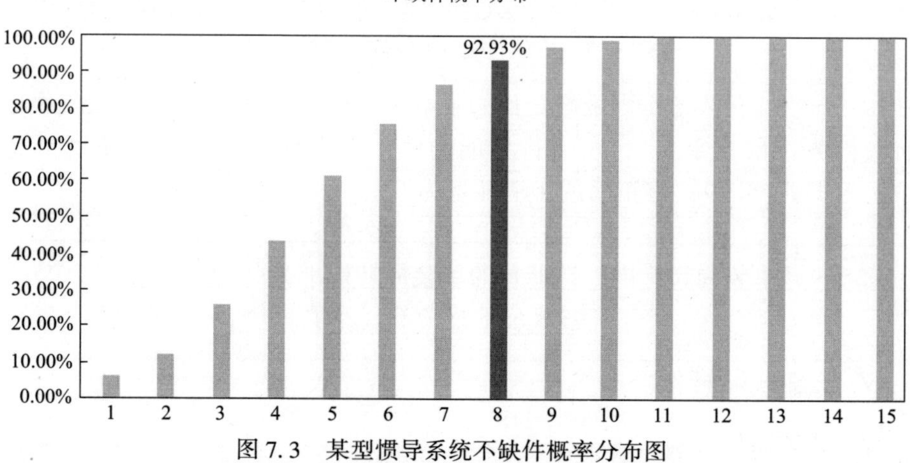

图 7.3 某型惯导系统不缺件概率分布图

该器材的不缺件概率刚达到 90%以上时的不缺件概率为 92.93%,此时的故障周转数为

$$s_2 = 8\ (件)$$

③ 计算现有装备实力维修器材的基本年周转量。

已知该器材任务携行需求 $s_5 = 0$。根据式(5.8),该器材的基本年周转量计算值为

$$s_{\mathrm{II}} = s_2 = 8\ (件)$$

④ 调整现有装备实力维修器材的基本年周转量。

根据专家意见,气候地理条件、机务维修水平、飞行员飞行技能、专家修正因子均为 1。根据式(5.19),修正后的年消耗量为

$$s' = s_{\mathrm{II}} = 8\ (件)$$

另外,该器材是可修的通用器材,价格较高,其年周转量需要适当降低。根

据专家意见,其基本周转量需要再乘以一个调整系数 0.91,则调整后现有装备实力的基本年周转量为:

$$8\times 0.91=7.28(件)$$

⑤ 计算单装周转标准。该器材的单装周转标准为

$$7.28\div 65=0.112(件)$$

2）某型燃油调节器

(1) 该器材是有寿可修件,单价为 50 万元,供货周期 $T_1=365$ 天,送修周期 $T_2=195$ 天,历年故障数如表 7.9 所列。

表 7.9　某型燃油调节器的历年故障数

年度	2005	2006	2007	2008	2009	2010	2011	2012	2013	2014	2015	2016	2017
消耗数 x_i	0	1	4	4	4	9	5	6	6	5	3	6	4

另外,该器材有飞行小时和日历寿命两个寿命指标,该器材装机器材中 2018—2020 年到寿器材项数 $K=15$,其剩余寿命如表 7.10 所列。

表 7.10　某型燃油调节器 2018—2020 年到寿器材的剩余寿命

序号 k	1	2	3	4	5	6	7	8	9	10	11	12	13	14	15
剩余寿命 $t_{sy_{k1}}$ /天	21	157	83	143	271	304	429	524	537	559	710	713	807	811	866
剩余寿命 $t_{sy_{k2}}$ /h	36	52	50	58.3	163	166	256	279	243	290	307.5	354	425	455	448

(2) 计算过程。

① 计算故障率。根据式(5.1),平均故障率为

$$\bar{\lambda}=\frac{\sum_{i=1}^{Q}x_i}{b\times\sum_{i=1}^{Q}(t_i\times Z_i)}\approx 0.0003\ (件/h)$$

根据式(5.2),最大故障率为

$$\lambda_{\max}=\max_{i=1,2,\cdots,Q}\left\{\frac{x_i}{b\times t_i\times Z_i}\mid t_i\times Z_i>\hat{t}\times Z_Q\times\xi\right\}\approx 0.0007\ (件/h)$$

根据专家意见,经过大量反复测算,设置 $\bar{\lambda}$、$\lambda_{\max}$ 的权系数分别为 0.5、0.5,其故障率为

$$\lambda=\bar{\lambda}\times 0.5+\lambda_{\max}\times 0.5=0.0005\ (件/h)$$

② 计算现有装备实力维修器材的周转数。一是计算现有装备实力维修器

材的故障周转数。

根据式(5.13)、式(5.14),绘制该器材不缺件概率分布图,如图7.4所示。

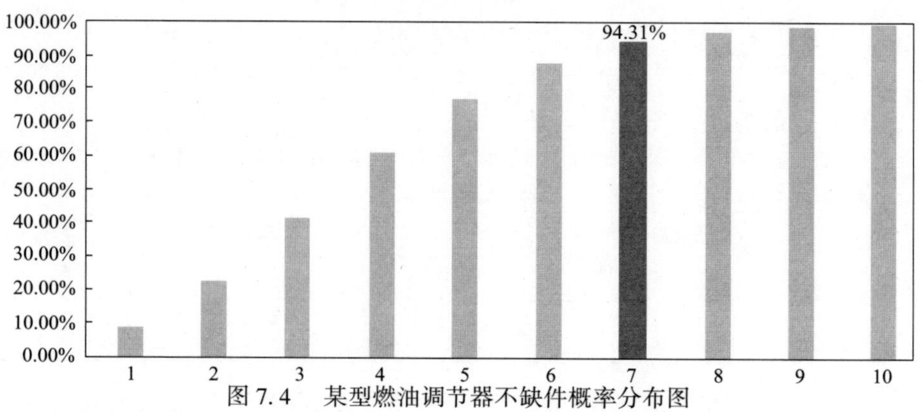

图7.4　某型燃油调节器不缺件概率分布图

该器材的不缺件概率刚达到90%以上时的不缺件概率为94.31%,此时的故障周转数为

$$s_2 = 7\text{（件）}$$

二是计算现有装备实力维修器材的到寿周转数。

利用式(5.16)计算出2018—2020年到寿器材的到寿更换时间 t_k（表7.11),根据式(5.18)计算出每一件到寿后一个送修周期时间内的到寿数 $\sum_{l=1}^{K} x_{kl}$（表7.12),按 t_k 从小到大排序。

表7.11　某型燃油调节器2018—2020年的到寿更换时间

序号 k	1	2	3	4	5	6	7	8	9	10	11	12	13	14	15
到寿更换时间 t_k /天	21	110	83	123	271	304	429	524	513	559	649	713	807	811	866
到寿年度	2016						2017						2018		

表7.12　某型燃油调节器2018—2020年每一件到寿后一个送修周期时间内的到寿数 $\sum_{l=1}^{K} x_{kl}$

序号 k	t_k	$t_k + T_2$	$t_k \sim t_k + T_2$	$\sum_{l=1}^{K} x_{kl}$
1	21	216	21~216	4

（续）

序号 k	t_k	$t_k + T_2$	$t_k \sim t_k + T_2$	$\sum_{l=1}^{K} x_{kl}$
3	83	278	83 ~ 278	4
2	110	305	110 ~ 305	4
4	123	318	123 ~ 318	3
5	271	466	271 ~ 466	3
6	304	499	304 ~ 499	2
7	429	624	429 ~ 624	4
9	513	708	513 ~ 708	4
8	524	719	524 ~ 719	4
10	559	754	559 ~ 754	3
11	649	844	649 ~ 844	4
12	713	908	713 ~ 908	4
13	807	1002	807 ~ 1002	3
14	811	1006	811 ~ 1006	2
15	866	1061	866 ~ 1061	1

根据表 7.12 绘制出该器材 2018—2020 年每一件到寿后一个送修周期时间内的到寿数分布图，如图 7.5 所示。

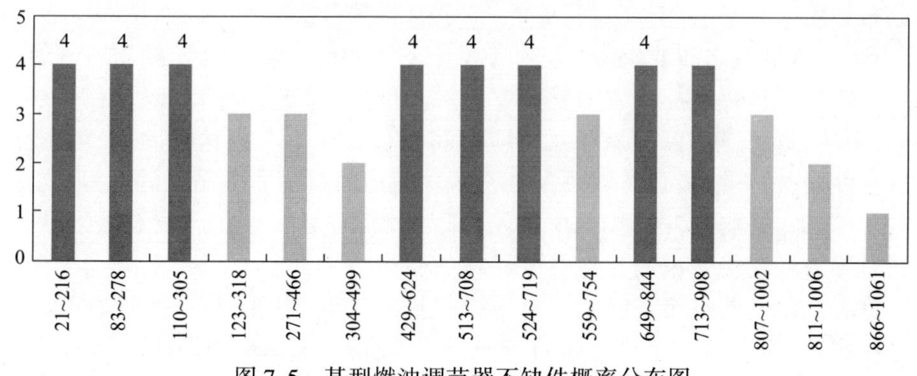

图 7.5　某型燃油调节器不缺件概率分布图

根据式(5.18)可知该器材的到寿周转数 s_4 就是每一件到寿后一个送修周期时间内的到寿数中的最大值,即

$$s_4 = 4\ (件)$$

③ 计算现有装备实力维修器材的基本年周转量。

该器材任务携行需求 $s_5 = 2$。利用式(5.10),该器材的基本年周转量为

$$s_{\text{Ⅳ}} = s_2 + s_4 + s_5 = 7 + 4 + 2 = 13\ (件)$$

④ 调整现有装备实力维修器材的基本年周转量。根据专家意见,气候地理条件、机务维修水平、飞行员飞行技能、专家修正因子均为1。根据式(5.19),修正后的年消耗量为

$$s' = s_{\text{Ⅳ}} = 13\ (件)$$

另外,该器材是可修的通用器材,价格较高,其年周转量需要适当降低。根据专家意见,其基本周转量需要再乘以一个调整系数0.92,则调整后现有装备实力的基本年周转量为

$$13\times0.92=11.96(件)$$

⑤ 计算单装周转标准。该器材的单装周转标准为

$$11.96\div65\approx0.184(件)$$

7.3.3 相关说明

1)必须重视送修周期、供货周期对周转量的影响

上述算例表明,送修周期对周转器材的库存水平有很大的影响,送修周期越大,周转量越大;反之,周转量越小。以7.3.2节中的某型惯导系统为例,如果不考虑送修周期,则不缺件概率刚达到90%以上时的周转量为17件,其不缺件概率分布如图7.6所示;而考虑了送修周期的周转量为8件,相差9件。而实际上,由于该器材送修周期较短,实际只需要8件就可以基本满足约17个故障件的更换需求;换句话说,仓库中只需要储备8件器材(包括库存数、待修数、在修数、欠交数)即可基本保证该器材供应不间断。如果不考虑送修周期,就需要多储备9件器材,其结果必然导致大量积压。而该器材是非常昂贵的器材,如果多采购9件,那么就会多占用1710万元保障经费,这显然会在造成大量经费浪费的同时导致缺乏经费采购其他关键器材。

笔者在制订航空装备维修器材筹措供应标准时,并不是简单地直接采用平均送修周期,而是为了保证器材周转需要,一般在平均送修周期的基础上再乘以一个调整系数,将送修周期适当增大,以使所测算的周转标准能够满足实际周转需要。另外,计算平均送修周期时,还需要排除过大的异常值。

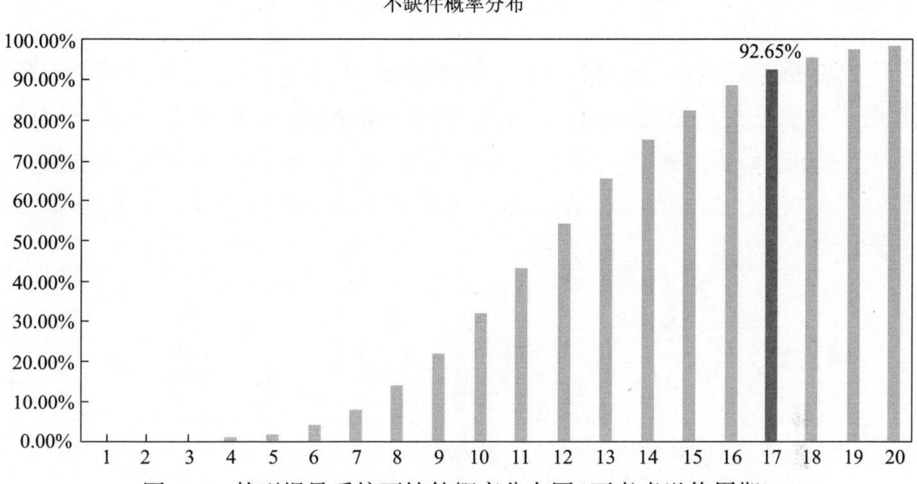

图 7.6 某型惯导系统不缺件概率分布图(不考虑送修周期)

另外,因为我军航空装备维修器材的采购方式主要是年度集中采购,因此,供货周期一般都按一年计算,只有供货周期大于一年的才按实际周期计算。一般进口器材的供货周期超过一年,有的甚至达到三四年。以进口的消耗件为例,即使一年平均故障一件,仓库中至少要储备三四件才能满足实际需要,也就是说其周转量标准要设定为三四件。对于可修件,如果再考虑到送到国外厂家修理,其送修周期又是一两年甚至更长,那么其所需要的周转量会更多。

现有的很多文献经常采用指数平滑、移动平均、灰色预测、神经网络等时间序列方法对各种航空装备维修器材的消耗进行预测,但这样的预测方法没有考虑供货周期和送修周期的影响,所预测的结果与实际周转需求不太相符,有时会产生较大的误差,请各位读者慎用。而如果需要采用时间序列预测法的话,那就必须弄清楚该方法的适用条件。

2) 随机故障应采用统计分析法预测,不适合采用趋势预测法

以 7.3.2 节中的某型惯导系统为例,该器材所发生的故障基本为随机故障,从统计学上来看其需求服从泊松分布。在不考虑送修周期的情况下,该器材消耗数的概率密度分布如图 7.7 所示,其消耗趋势如图 7.8 所示。

由图 7.7 可见,一年内有 21 件器材发生故障的概率是 0.67%。虽然历年最大的故障数也只是 14 件,远远未达到 21 件,但是不能排除一年发生 21 件故障的情况,只是其概率很小,属于小概率事件。在进行库存优化研究时,只需要累积概率刚达到一般要求的 90%以上时即可,这样可以排除小概率事件的影响。

由图 7.8 可见,2011 年、2012 年和 2015 年均有 12 件器材故障。在图 7.7

中,一年内发生 12 件器材故障的概率为 11.4%。也就是说,在相同的概率情况下,12 件器材故障这一事件可能发生在任何一年中。显然,随机故障意味着故障发生的时刻是随机的,器材每年的故障数与时间趋势无关,采用时间序列预测法对消耗趋势进行预测的方法不符合这类器材的故障规律,必然导致一定的误差产生。因此,需求预测方法的选择必须与需求规律相一致,这样建立的模型才能更准确地反映实际,实现更贴近实际的模拟、仿真,其结果才具有较高的科学性和实用性。

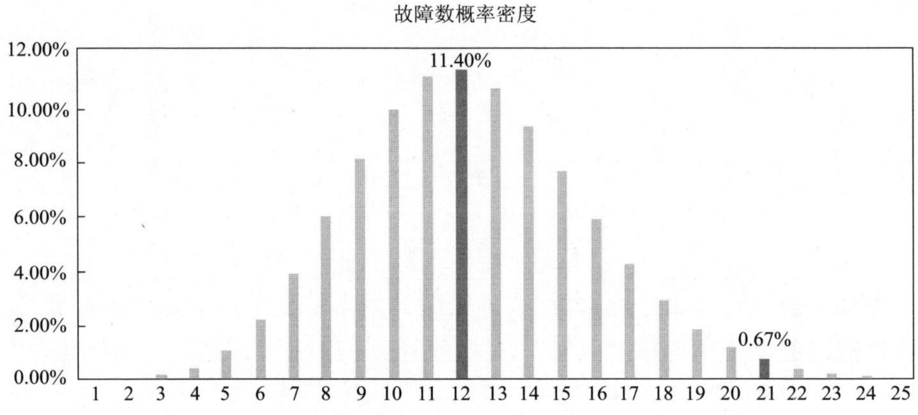

图 7.7　某型惯导系统故障数概率密度分布图(不考虑送修周期)

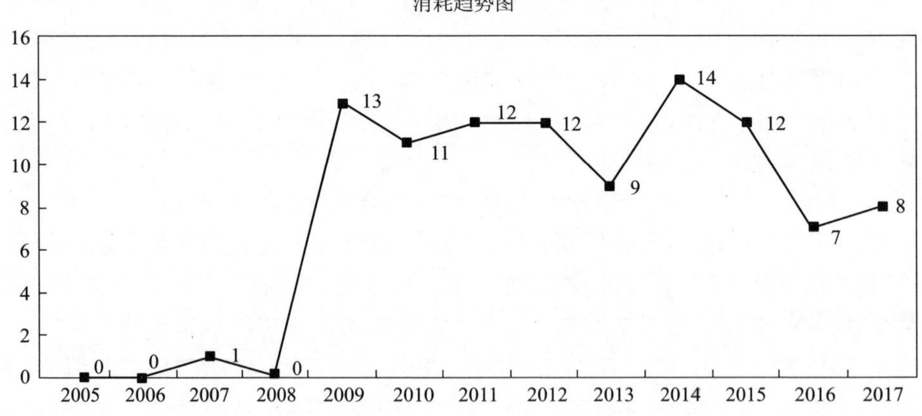

图 7.8　某型惯导系统消耗趋势图

7.4 库存限额标准算例

下面以上一节周转标准算例中的气门芯、燃油调节器两项器材为例,来说明不同器材的库存限额标准的制订方法。在运用周转优化模型进一步优化后,这两项器材的基本周转量没有变化。

1）消耗件

某型气门芯现有装备实力的年周转量标准为 802 件,年消耗量标准经计算为 456 件,则该器材现有装备实力的库存限额标准为[802,1258],其单装库存限额标准即为[12.3385,19.3538]。

2）可修件

某型燃油调节器现有装备实力的年周转量标准为 11.96 件,年消耗量标准经计算为 0.5 件,向上取整后分别为 12 件、1 件,则库存下限为 12 件,库存上限为 13 件,该器材现有装备实力的库存限额标准即为[12,13],其单装库存限额标准即为[0.1846,0.2]。

7.5 战储标准算例

以某型飞机的某型电台为例来说明战储标准的测算方法。

已知条件:

- 现有装备实力 $Z = 48$。
- 该型飞机按 1 个团套 24 架机制订其维修器材的战储标准,则参战机群规模 $Z' = 24$。
- 器材的单机安装数 $b = 2$。
- 战役持续时间 $T_{zzsj} = 90$ 天。
- 器材平时的故障率 $\lambda_0 = 0.0008$ 件/h。
- 平时单机平均每天计划使用时间 $W_1 = 0.8\text{h}$。
- 战时单机平均每天计划使用时间 $W_2 = 1.2\text{h}$。
- 作战期间飞机平均日出动强度 $P = 0.02$。
- 飞机可分成战伤概率相同的模块的数量 $B = 12$。
- 飞机战伤率 $\alpha = 0.1$。

- 飞机地面损伤率 $\beta = 0.02$。
- 飞机战损率 $\phi = 0.02$。
- 飞机空袭地面损失率 $\varphi = 0.02$。

具体计算过程如下：

1）计算战时故障率

战时强化使用时故障率的修正系数 ζ 为

$$\zeta = \frac{W_2}{W_1} = \frac{1.2}{0.8} = 1.5$$

根据式(5.29)，战时故障率 λ 为

$$\lambda = \lambda_0 \times \zeta = 0.0008 \times 1.5 = 0.0012\ (\text{件/h})$$

2）计算现有装备实力维修器材的故障需求

装机器材数量 m 为

$$m = Z \times b = 48 \times 2 = 96\ (\text{件})$$

战役期间预计飞行时间 t 为

$$t = W_2 \times T_{zzsj} = 1.2 \times 90 = 108\ (\text{h})$$

泊松分布的期望均值 λmt 为

$$\lambda mt = 0.0012 \times 96 \times 108 = 12.4416\ (\text{件})$$

根据式(5.30)、式(5.31)，绘制该器材自然故障累积概率分布图，如图7.9所示。由该图可见，该器材的自然故障累积概率刚达到90%以上时的概率为91.85%，此时的故障需求数为 $s' = 17$ 件。

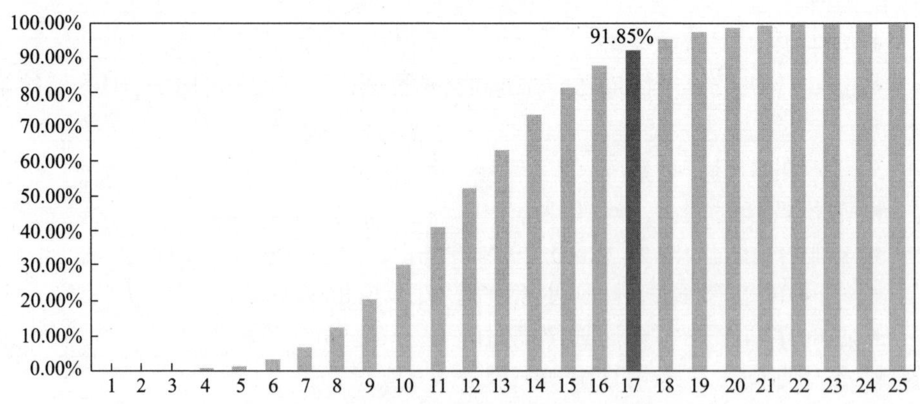

图7.9　某型电台自然故障累积概率分布图

另外，也可以先根据平时故障率计算 3 个月作战产生的故障需求，然后再利用战时强化使用时故障率的调整系数 ζ 进行修正。此时，泊松分布的期望均值为 $\lambda_0 mt = 0.0008 \times 96 \times 108 = 8.2944$（件），该器材的自然故障累积概率分布如图 7.10 所示。由图可见，该器材的自然故障累积概率刚达到 90%以上时的概率为 92.1%，此时的故障需求数 s' 为

$$s' = 12\ (\text{件})$$

再利用战时强化使用时故障率的修正系数 $\zeta = 1.5$ 进行修正，即为

$$s' = 12 \times 1.5 = 18\ (\text{件})$$

可见，后一种方法所计算的故障需求比前一种方法仅仅多出约 6%，计算结果比较接近。因此，笔者认为，上述两种方法均可以用于预测自然消耗产生的故障需求。

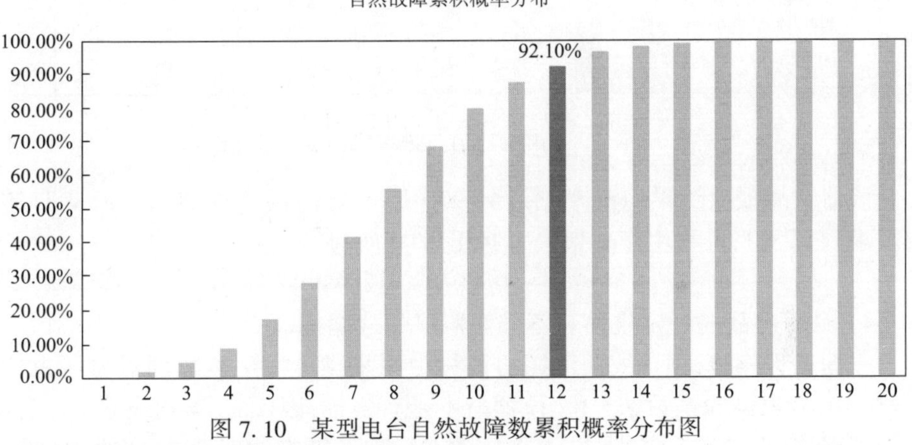

图 7.10　某型电台自然故障数累积概率分布图

3）计算现有装备实力维修器材的战损需求

- 器材战伤率 $\alpha_S = \dfrac{\alpha}{B} = \dfrac{0.1}{12} \approx 0.0083$。
- 器材地面损伤率 $\beta_S = \dfrac{\beta}{B} = \dfrac{0.02}{12} \approx 0.0017$。
- 器材作战损伤率 $p = \alpha_s + \beta_s = 0.0083 + 0.0017 = 0.01$。
- 作战期间飞机的总出动次数 $M = [P \times Z \times T_{zzsj}] = [0.04 \times 48 \times 90] = 173$（次）。
- 器材战损率 $\phi_S = \dfrac{\phi}{B} = \dfrac{0.02}{12} \approx 0.0017$。

- 器材空袭地面损失率 $\varphi_S = \frac{\varphi}{B} = \frac{0.02}{12} \approx 0.0017$。
- 器材作战损失率 $\gamma = \phi_s + \varphi_s = 0.0017 + 0.0017 = 0.0034$。

根据式(5.32),该器材战损故障数累积概率分布如图 7.11 所示。

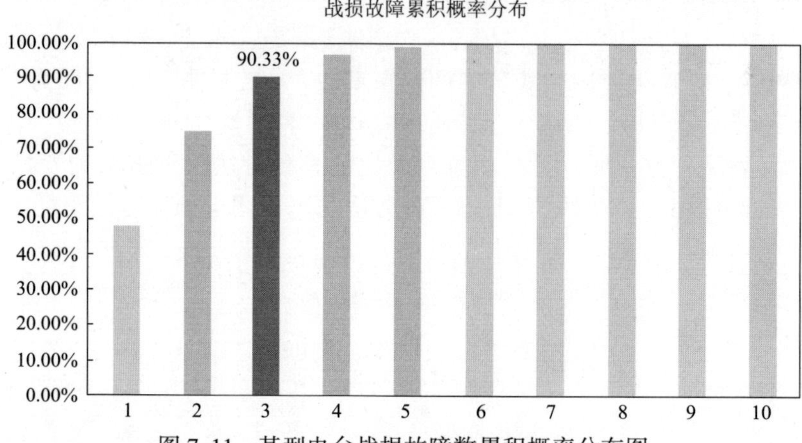

图 7.11 某型电台战损故障数累积概率分布图

该器材战损故障累积概率刚达到 90%以上时的概率为 90.33%,此时的战损需求数 $s'' = 3$,再利用作战损失率修正后即为

$$s'' = 3 \times (1 - 0.0034) = 2.9898\ (\text{件})$$

4) 计算参战的一定规模装备维修器材的战储标准

根据工程经验,预计战损消耗的器材中原来预计发生故障的器材所占比例 $\upsilon = 0.16$,专家经验系数 $\xi = 1$。该器材不是有寿件,因此 $n_{ds} = 0$。

根据式(5.33),该型飞机一个团套 24 架飞机参战时该电台的战储标准 s''' 为

$$\begin{aligned} s''' &= [s' + s''_2 \times (1 - \upsilon)] \times \frac{Z'}{Z} \times \xi \\ &= [17 + 2.9898 \times (1 - 0.16)] \times \frac{24}{48} \times 1 \approx 10(\text{件}) \end{aligned}$$

第8章

标准使用方法与建议

8.1 库存限额标准使用方法

库存限额标准用于部队器材仓库申请器材以及各级器材保障部门制定航空装备维修保障计划,其使用方法详述如下。

设:

- $\hat{s}$ 为单装库存下限。
- $\hat{n}$ 为单装消耗标准,则单装库存上限为 $\hat{s}+\hat{n}$ 。
- S_0 为现有库存。
- D 为订货数。

则利用标准进行订货的方法如下:

(1) 初始库存未建好时,初始备件采购经费不计入周转备件的采购经费,应单列。

(2) 初始库存建好且周转库存未建好时,不能仅依据单装消耗标准订货,而应按照库存限额标准订货,器材订货数应满足以下条件:

① 如果 $\hat{s}>S_0$,根据库存限额模型有 $D+S_0\in[\hat{s},\hat{s}+\hat{n}]$,则 $D\in[\hat{s}-S_0,\hat{s}+\hat{n}-S_0]$ 。

② 如果 $\hat{s}+\hat{n}>S_0\geqslant\hat{s}$,根据库存限额模型有 $D+S_0\in[S_0,\hat{s}+\hat{n}]$,则 $D\in[0,\hat{s}+\hat{n}-S_0]$ 。

③ 如果 $S_0\geqslant\hat{s}+\hat{n}$,表示现有库存超过库存限额上限,不需要订货,则 $D=0$。

(3) 周转库存建好以后,每年按消耗标准补充订货即可。

在使用库存限额标准进行订货时,不能完全一成不变地套用标准,还必须考虑飞行任务量、技术状态、加改装等情况的变化,及时对标准进行修正,然后再根据修正后的库存限额标准筹措周转器材。依据库存限额标准筹措器材时需要注意:

(1) 消耗件应优先保障。纯消耗件一般消耗较多而且是常耗的,价格较低,应按库存限额的上限申请。另外,对于其中的有寿消耗件,还需要考虑装机器材剩余寿命分布情况,避免未来突然批次大量到寿导致缺件停飞的情况发生。器材保障部门在制定装备维修保障计划时应优先保障该类器件。

(2) 可修件应重点保障。可修件的价格一般较高,所以不能保持较高的库存水平,而应加强送修管理,以加快周转速度。但是,考虑到该类器材不能无限次修复周转,存在一定的报废率,所以其周转库存需要在最低周转量的基础上适当高一些,即应按库存限额上下限的平均值申请,其中修复率较低的则按上限申请。对于有寿可修件,如果其周转库存需要补充得较多,则应考虑进行批次订货,以使装机器材的寿命分布呈梯次分布,减轻该类器材保障的压力。器材保障部门在制定装备维修保障计划时应重点保障该类器材,尤其是有寿可修件则必须全额保障,以避免短缺。

8.2 战储标准使用方法

如果器材的现有战储库存量低于战储标准,则按照差额进行一次订货或分批订货补充。

如果参战的装备规模、作战任务等条件有所变化,则需要根据实际情况及时对战储标准进行修正,然后再根据修正后的战储标准筹措战储器材。

8.3 问题与建议

(1) 由于地区特点、飞行任务等不同,各型飞机装机器材的项目、消耗器材的项目、相同器材的消耗数量等都存在一定的差异,所以不同单位不同机型在使用器材筹措供应标准进行器材申请和订货的过程中,难以根据上述差异为具体单位明确给出统一的补助标准。建议各单位器材保障人员在利用标准进行筹措时,应根据本单位所保障飞机维修器材的实际消耗、飞行任务等,以“具体器材具体分析”为原则对具体器材的筹措数量进行适当调整即可,不需要针对具体单位的地区特点、飞行任务等方面的不同，额外再制订一个差异补助标准。

（2）平时筹措供应标准可以用于指导海军级器材保障机关未来 2~3 年的器材订货工作，但用于指导各舰航级器材保障机关的器材订货时还需要根据各舰航实际进行适当调整。因为不同单位相同机型器材到寿、任务携行产生的需求区别很大，所以利用单装标准乘以装备实力后，还需要根据各单位实际到寿、任务携行需求进行适当调整。另外，应用标准订化时，还要重点关注是否存在批次大量到寿的情况。如果某一年大量到寿，建议提前一两年订货，防止筹措不及导致飞机缺件停飞。

（3）由于每年器材的消耗并不相同，所以每年投入的采购经费不是恒定不变的，应该在利用单装消耗标准所测算经费的基础上，根据实际库存和消耗趋势适当调整年度购置经费。

（4）平时筹措供应标准应根据装备实力、飞行时间以及器材的消耗数、送修周期、供货周期、未来三年到寿数、任务携行量等因素，在充分兼顾因技术通报落实、加改装、任务变更等造成的飞机、发动机及部附件质量状态改变的基础上，予以及时修正。

（5）战储标准是根据参战的一定规模装备作战消耗制订的，使用该标准时需要根据部队编制情况进行合理组套。

（6）机务大队质控室故障数据登记不规范、不完整，需要对相关人员强调故障数据对器材故障率计算及其需求预测的重要性，做好这项工作对更深入准确地掌握器材的故障规律，提高器材筹措供应标准制订的准确性具有重要作用。

第9章

结　束　语

后勤保障在战争中的作用很大,正所谓“兵马未动粮草先行”。在抗美援朝后期,中国人民志愿军司令员彭德怀就深刻体会到后勤保障的重要性,并说出了“打仗就是打后勤”这句话。现代战争条件下的航空装备维修器材的消耗非常大,如果没有对器材消耗规律做到准确把握、做好预测并预先筹措到位,那么消耗的器材得不到及时补充,航空装备就会停飞,无法完成训练和作战任务。

航空装备维修器材保障的发展趋势是精确、敏捷保障。要实现精确、敏捷保障,就必须利用先进的预测理论与方法制订科学合理的筹措供应标准。单装消耗标准、周转标准、库存限额标准和战储标准能够为部队进行器材申请、器材保障部门进行器材订货提供可靠、明确的判断依据,使器材申请和订货不再像过去那么盲目随意,器材筹措更加高效准确,器材库存结构更加合理,对实现器材供得上、不积压,促进器材保障水平进一步提高具有重要作用。另外,要想真正解决器材保障工作中的器材短缺和积压呆滞问题,一方面需要制订科学合理的筹措供应标准,另一方面还需要各级器材保障部门正确理解、严格执行、及时修订。

在目前全军编制体制调整、各级器材保障部门大幅缩编而保障工作任务量没有明显减少的情况下,需要采取措施进一步提高保障工作效率。为此,应在航空装备维修器材单装消耗标准、周转标准、库存限额标准和战储标准的基础上,进一步确定器材的重要度和重要度等级,建立订货决策模型,开发智能决策支持系统,实现信息管理的规范化以及器材订货决策的自动化、智能化,从而为航空装备维修器材订货提供智能决策支持。

附录 A

器材周转储备评估与仿真验证

A.1 案例概要

2017 年 G 型飞机装备 24 架，统计 11 年的飞行时间，单机年均飞行约 130h，飞行模式为 6 机、3 机、1 机飞行，每次飞行持续时间约 1h。

A.2 器材保障组织结构建模

目前，器材日常保障采用舰航器材处和场站航材股两级保障模式，基于 G 型飞机器材保障的特点，本研究做以下设定：

（1）场站航材股设为 1 个站点，即认为场站航材股之间调拨、借用器材不花费任何成本。在器材保障中，一旦某项器材发生短缺（即发生需求而场站航材股没有库存），则向舰航器材处申请，如果仍无库存，则要向工厂采购或由工厂抢修，同时产生缺材停飞。

（2）假定舰航器材处和场站航材股之间信息和实物流转的时间均为 48h。即当发生器材需求，需要由航材处向场站航材股调拨器材时，运输时间为 48h；而从场站航材股向航材处申请器材到得到答复的时间也为 48h。

最终，本研究将器材保障组织结构分为两级：第一级命名为“舰航器材处”，此站点类型为基地，主要针对紧急器材调配，对器材分队进行供给，并进行器材的采购、修理和调配，所以其站点类型设置为 DEPOT；第二级场站航材股为“场站航材股”，此站点类型为基层，具备存储器材和申领器材职能，另外它负责日常飞行训练所需器材的供应，即提供飞机换件维修的器材，所以其站点类型设置为 STORE。

此外，设立机场作为飞机放置地点，但是不能存储器材，可进行飞机换件维修，并为飞机分配飞行任务。设置站点“机场”，是软件运行计算的需要，不是数学模型的需要。主要输入数据如表 A. 1 所列。

表 A. 1　器材保障组织

站点名称	父级站点名称	站点类型	运输时间(往)/h	运输时间(返)/h
舰航器材处	—	STORE	—	—
场站航材股	舰航器材处	DEPOT	48	48
机场	场站航材股	OP	1	1
注：运输时间(往)是指从本站点到父级站点所需的运输时间，运输时间(返)是指从父级站点到本站点所需的运输时间				

器材分队和器材基地之间的时间设置为 48h，是将器材的筹措管理等时间一并考虑计入运输时间。保障组织结构图如图 A. 1 所示。

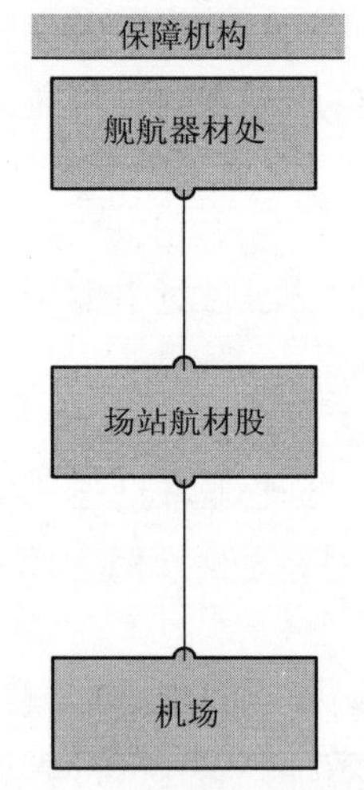

图 A. 1　保障组织结构图

A. 3　飞机构型数据

G 型飞机构型数据中包含器材的编号、名称、型号、父系统、单价、类别、单机安装数、送修周期、故障数等信息项。其中编号、名称、型号和单价为器材基本信息。器材父系统设为飞机，“类别”设为消耗件、可修件，无单机安装数的器材其单机安装数设为1。

据统计，G型飞机购置、消耗过的器材约550项，其中有近110余项为低值易耗品，如胶圈、垫片等，其标准一般制订得较高一些，案例中对所有器材均进行建模意义不大，因此在对飞机构型时不考虑这一部分器材。有部分器材有使用次数或时间限制的，属于到期更换器材，本次建模也不做考虑，如轮胎、软管、蓄电池等。

对G型飞机的器材保障数据和飞行数据进行研究分析后，选取近11年的器材消耗数据作为基础数据，结合部分器材的MTBF数据，最终确定了430项器材作为飞机构型建模对象。并依据消耗数据和飞行数据计算了器材故障率。

最终形成的G型飞机构型库包含430项器材，120项器材未包含在飞机构型库中。

A.4 维修信息设定

1）飞机预防性维修

预防性维修指飞机进行日检/月检，小修/中修/大修等类型的维修。在统计消耗时，已经将预防性维修中更换的器材考虑在内。因此，为简化模型，案例中暂不考虑预防性维修。

2）飞机修复性维修

假定所有飞机修复性维修均为换件维修（备件主管部门不关注不发生器材消耗的故障），方案中所有器材更换都按照1.5h计算。

3）器材采购、修理

对于器材分队处理时没有的器材，向器材基地申领，如果器材基地也没有，则需要进行订购，订购周期设定为12个月，即假定平时不订货，只有年度订货。送修周期均按实际统计值设定。

A.5 任务数据

为方便对飞行训练任务进行建模，在保持与原飞行强度、飞行时间基本不变的前提下，对飞行任务进行了简化。本案例中对飞行任务建模如下：飞机型号为

G,飞机总架数为 24 架,总飞行时间要求为 3120h,任务周期为 365 天,任务计划以 6 天为 1 轮,重复 60 轮,具体计划如表 A.2 所列。

表 A.2　飞行计划(1 轮)

时间	飞机架数	任务持续时间 /h	最小飞机架数	小时数 /h
第 1 天上午	6	1	1	6
第 1 天下午	3	1	1	3
第 2 天上午	6	1	1	6
第 2 天下午	3	1	1	3
第 3 天上午	6	1	1	6
第 3 天下午	3	1	1	3
第 4 天上午	6	1	1	6
第 4 天下午	3	1	1	3
第 5 天上午	6	1	1	6
第 5 天下午	3	1	1	3
第 6 天上午	6	1	1	6
第 6 天下午	1	1	1	1

说明:表中第 1 天 9 架飞机飞行,持续 1 个小时,飞行中有飞机发生故障时其他飞机继续飞行,飞行任务不终止,其他如表 A.2 所列。6 天总飞行时间为 52h,1 年总飞行时间为 3120h。建立的基本任务模型和任务剖面如图 A.2 所示。

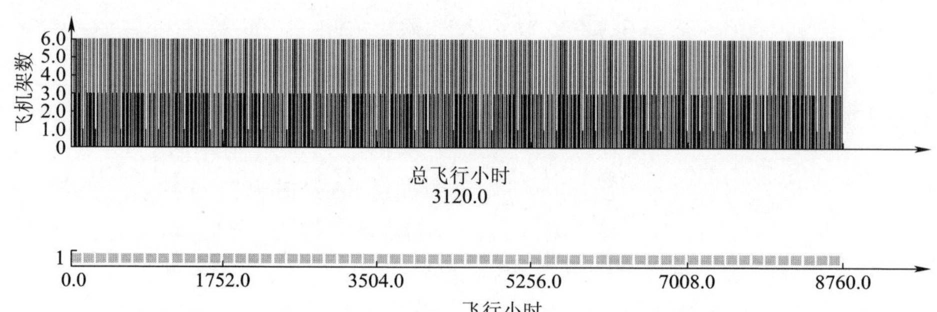

图 A.2　任务模型和剖面示意图

A.6 标准评估

器材周转储备共有器材 430 项(不包括构型外器材)。假定器材周转储备存储在基层级(场站航材股)仓库。通过应用 OPUS10 软件计算,周转储备所能达到的航材保障良好率为 96.94%(图 A.3),基本可以满足 G 型飞机的器材保障需求。

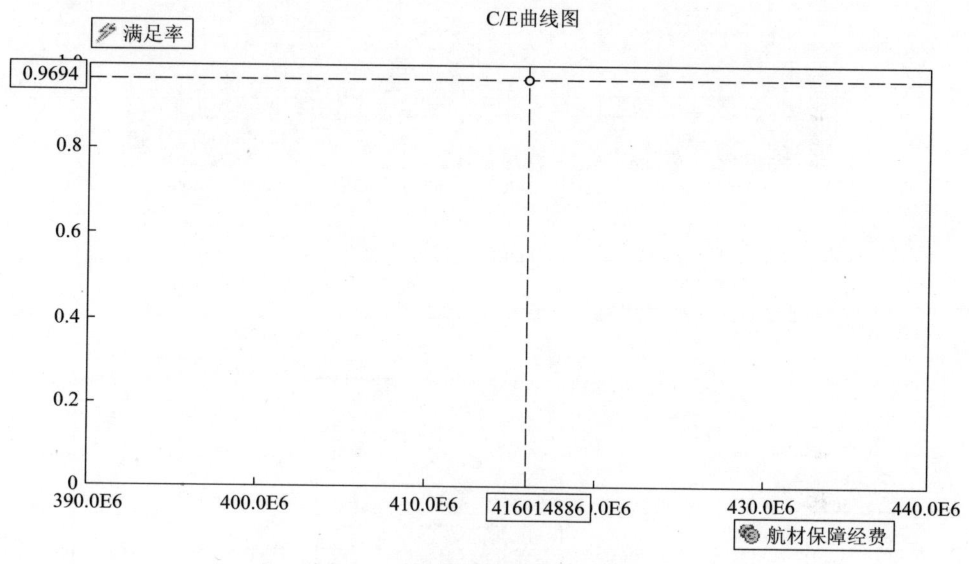

图 A.3 周转储备标准效能评估

A.7 仿真验证

本案例对 G 型飞机的周转储备上限和下限都进行了效能评估,为了验证评估的结果是否可靠,笔者依据 G 型飞机日常训练的任务假定对其进行仿真验证。如果周转储备下限可以满足要求,那么上限必定可以,因此,笔者首先对周转储备下限进行仿真验证,若验证结果成立则不再验证周转储备上限。

图 A.4、图 A.5 显示了整个保障期间飞机的完好情况,由图中可看出,在不考虑非因缺航材停飞情况时,周转储备所能保障的飞机整体完好率为 98.07%,

完好率高于 80%,但是在飞机进行集中飞行训练的时刻飞机完好率会低于 80%,最低点约为 75%,需要在保障时重点关注。

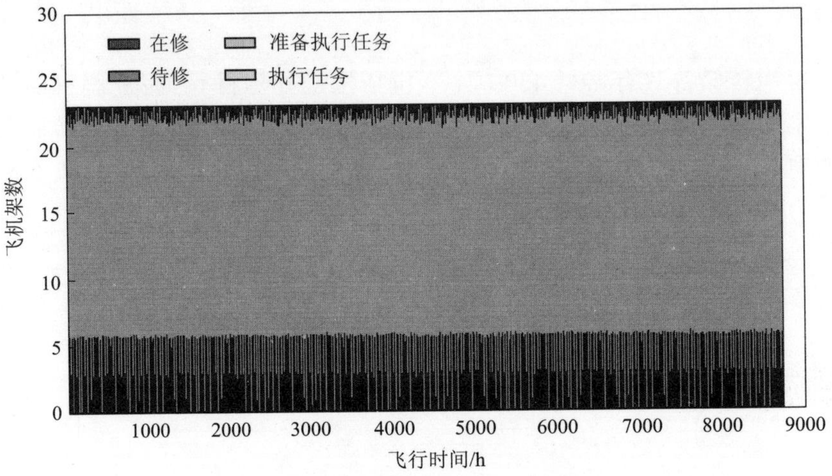

图 A.4　保障期间飞机完好率情况

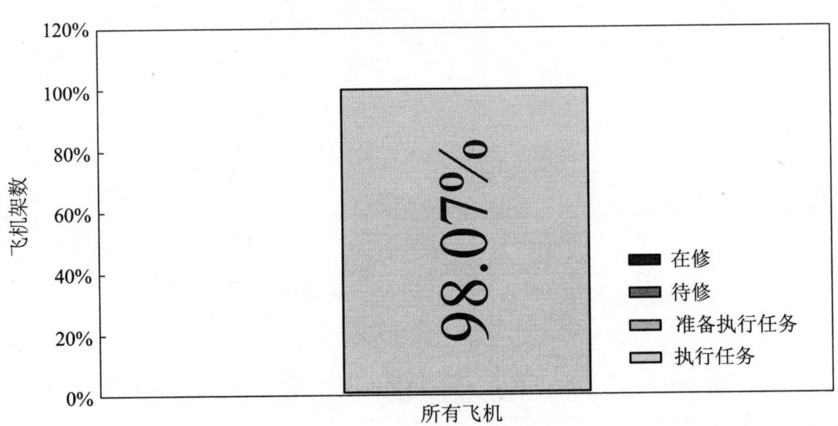

图 A.5　飞机完好率总体水平

案例中没有考虑非因缺航材造成的飞机不完好,所以实际保障过程中,飞机的完好率会低于 98.07%。

在整个保障过程中,完成的飞行训练时间数为 2829.73h,未执行的飞行时间为 290.27h,任务的完成率约为 90.7%(图 A.6、图 A.7)。

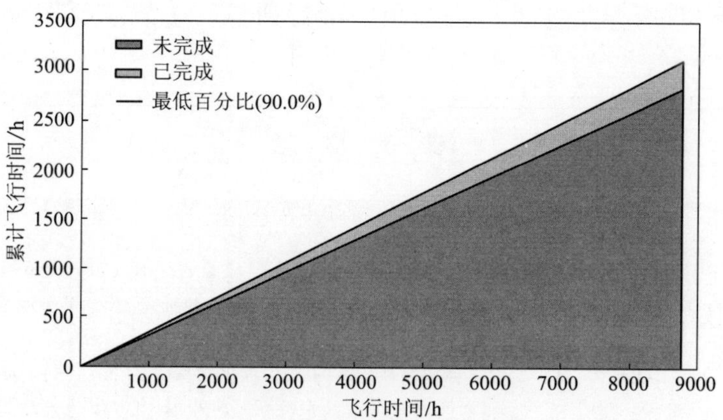

图 A.6　飞行训练任务完成情况

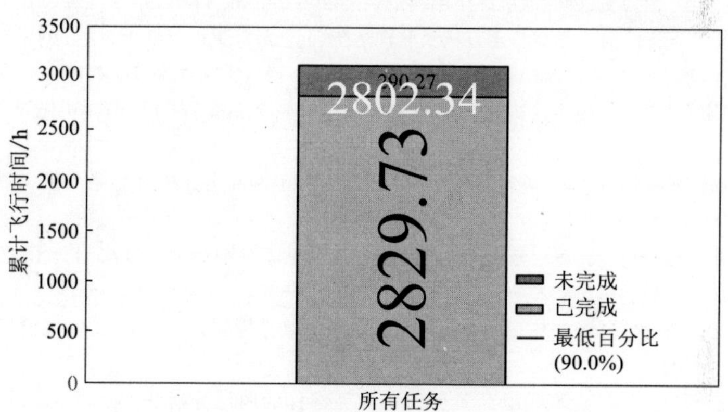

图 A.7　飞行训练任务完成总体情况

参 考 文 献

[1] 辛后居,崔阳,贺锐,等. 某型飞机单装航材消耗标准研究[J]. 硅谷,2014(21):196-197.

[2] 郭峰,强海滨. 航空装备维修器材单装消耗、周转和库存限额标准研究[J]. 军事运筹与系统工程,2017,31(1):68-73.

[3] 周海军,马大为,成洪俊,等. 防空兵弹药消耗标准[J]. 指挥控制与仿真,2015(5):71-74.

[4] 崔亦斌,刘华安,张兆新,等. 二炮备件消耗标准制定分析[C]// 中国青年运筹与管理学者大会,2001:453-459.

[5] 张富兴,高海洋,金约夫,等. 重型汽车燃料消耗标准现状分析[J]. 公路与汽运,2011(4):24-28.

[6] 赵建民. 新装备备件消耗标准制定方法及软件系统[J]. 系统工程与电子技术,2001,23(5):33-35.

[7] 毕义明,王汉功. 武器装备损耗备件预测模型研究[J]. 装备学院学报,2004,15(1):1-4.

[8] 刘筱晨,黄宏东,刘博. 构建经费消耗标准定额模型的意义及步骤[J]. 军事经济研究,2012(11):48-49.

[9] 罗承昆,陈云翔,项华春,等. 满足任务要求的航材库存限额确定方法[J]. 数学的实践与认识,2015,45(10):107-114.

[10] 董骁雄,陈云翔,王莉莉,等. 基于备件保障概率的备件库存限额确定方法[J]. 南京航空航天大学学报,2017,49(3):447-452.

[11] 张利旺,徐常凯,徐刚,等. 基于贝叶斯网络的航材可修件周转比例计算[J]. 微型机与应用,2011,30(22):93-95.

[12] 张仕念,刘春和,刘雪峰,等. 战储备件储备品种选择的属性分析法[J]. 系统工程理论与实践,2007,27(10):118-123.

[13] GJB 1378A—2007:装备以可靠性为中心的维修分析[S].

[14] 齐艳华. 以可靠性为中心的维修分析方法研究[J]. 航空标准化与质量,2016(1):47-52.

[15] 赵淑舫. 基于维修理论基础上的航材需求预测方法研究[D]. 南京航空航天大学,2002:20-27.

[16] 高崎,黄照协,刘栋,等. 基于比例故障率的周转备件预测方法[J]. 火力与指挥控制,2013(11):148-152.

[17] 倪现存,左洪福,陈凤腾,等. 民机周转备件预测方法[J]. 南京航空航天大学学报,2009,41(2):253-256.

[18] 孙奕,邵川,陈刚,等. 飞机航材周转件备件需求预测模型,CN 106934486 A[P]. 2017.

[19] 高清振,王耀华. 军用飞机周转备件库存预测方法[J]. 军事运筹与系统工程,2010,24(4):41-45.

[20] 唐伟. 装备维修保障的航材需求预测研究[D]. 武汉理工大学,2007:1-50.

[21] MILOJEVIC I,GUBERINIC R. Deterministic and heuristic models of forecasting spare parts demand [J]. Vojnotehnički Glasnik,2012,60(2):235-244.

[22] ADAMS J L,ABELL J B,ISAACSON K E. Modeling and Forecasting the Demand for Aircraft Recoverable

Spare Parts[J]. Modeling & Forecasting the Demand for Aircraft Recoverable Spare Parts,1993.

[23] 左召军,钟新辉. 航材消耗的时间序列分析[J]. 长沙航空职业技术学院学报,2004,4(3):29-32.

[24] MA X, WANG L, WANG T. Prediction of missile spare parts consumption based on time series[C]// International Conference on Mechatronics Engineering and Information Technology,2017.

[25] REGATTIERI A, GAMBERI M, GAMBERINI R, et al. Managing lumpy demand for aircraft spare parts [J]. Journal of Air Transport Management,2005,11(6):426-431.

[26] REN J, ZHOU Z, FANG Z. The Forecasting Models for Spare Parts Based on ARMA[C]// Computer Science and Information Engineering,2009 WRI World Congress on. IEEE,2009:499-503.

[27] HUA Z, ZHANG B. A hybrid support vector machines and logistic regression approach for forecasting intermittent demand of spare parts[M]. Elsevier Science Inc,2006.

[28] 刘信斌,沐爱琴,辛安. 基于 ARIMA 模型的航材需求预测[J]. 价值工程,2016,35(24):250-251.

[29] 贾治宇,康锐. 基于 ARIMA 模型的备件消耗预测方法[J]. 兵工自动化,2009,28(6):29-31.

[30] 刘杨,任德奎. 基于灰色理论的间断性需求备件预测方法[J]. 兵器装备工程学报,2011,32(4):27-29.

[31] 吴清亮,董辉,张政,等. 基于神经网络对航材备件需求率的预测分析[J]. 兵工自动化,2009,28(1):54-55.

[32] 万玉成,何亚群,盛昭瀚. 基于灰色系统与神经网络的航材消耗广义加权函数平均组合预测模型研究[J]. 系统工程理论与实践,2003,23(7):80-87.

[33] 李院生,时和平. 温特法在装备备件消耗预测中的应用研究[J]. 现代电子技术,2007,30(5):69-71.

[34] 刘晓春,黄爱军,马芳,等. 基于指数平滑技术的装备维修备件需求预测[J]. 装备环境工程,2012(6):109-112.

[35] 程玉波,车建国,杨作宾,等. 基于指数平滑法的装备维修器材需求量预测[J]. 指挥控制与仿真,2009,31(1):115-117.

[36] 戚君宜,高钰榕,程世辉. 导航装备维修用备件需求预测[J]. 空军工程大学学报,2009,10(2):51-55.

[37] 赵劲松,贺宇,门君,等. 基于灰色模型的不常用备件需求预测方法[J]. 军事交通学院学报,2016,18(1):35-38.

[38] KOURENTZES N. Intermittent demand forecasts with neural networks[J]. International Journal of Production Economics,2013,143(1):198-206.

[39] KAYACAN E, ULUTAS B, KAYNAK O. Grey system theory-based models in time series prediction[J]. Expert Systems with Applications,2010,37(2):1784-1789.

[40] AMIRKOLAII K N, BABOLI A, SHAHZAD M K, et al. Demand forecasting for irregular demands in business aircraft spare parts supply chains by using artificial intelligence (AI)[J]. 2017,50(1):15221-15226.

[41] 李保华,杨云. 备件需求预测模型研究[J]. 航空维修与工程,2008(5):59-61.

[42] GUO F, DIAO J, ZHAO Q, et al. A double-level combination approach for demand forecasting of repairable airplane spare parts based on turnover data[J]. Computers & Industrial Engineering,2017,110:92-108.

[43] ROSIENKIEWICZ M M. Artificial intelligence methods in spare parts demand forecasting[J]. Logistics & Transport,2013,2(18):41-50.

[44] MOON S. Predicting the performance of forecasting strategies for naval spare parts demand [J]. Management Science & Financial Engineering,2013,19(1): 1-10.

[45] SYNTETOS A A,BABAI M Z,ALTAY N. On the demand distributions of spare parts[J]. International Journal of Production Research,2012,50(8): 2101-2117.

[46] LENGU D,SYNTETOS A A,BABAI M Z. Spare parts management: Linking distributional assumptions to demand classification[J]. European Journal of Operational Research,2014,235(3): 624-635.

[47] EAVES A H C,KINGSMAN B G. Forecasting for the ordering and stock-holding of spare parts[J]. Journal of the Operational Research Society,2004,55(4): 431-437.

[48] JR G F B,ROGERS W F. A Bayesian approach to demand estimation and inventory provisioning[J]. Naval Research Logistics,2010,20(4):607-624.

[49] CRAIG C,SHERBROOKE. 装备备件最优库存建模:多级技术[M]. 2 版. 贺步杰,译. 北京: 电子工业出版社,2008.

[50] RUSTENBURG W D, HOUTUM G J V, ZIJM W H M. Spare parts management for technical systems: resupply of spare parts under limited budgets[J]. Iie Transactions,2000,32(10): 1013-1026.

[51] 石丽娜,冯玉娥. 基于泊松分布的航材周转件库存量数学模型[J]. 上海工程技术大学学报,2004,18(2): 141-143.

[52] 李圆芳,樊玮. 基于智能算法的航材库存控制优化模型[J]. 计算机技术与发展,2014(11): 186-189.

[53] 聂涛,盛文,王晗中. 装备备件两级闭环供应链库存优化与分析[J]. 系统工程理论与实践,2010,30(12):2309-2314.

[54] 何亚群,谭学峰,金福禄. 基于可用度的飞机可修件需求分析[J]. 系统工程与电子技术,2004,26(6): 848-849.

[55] 刘源,陈云翔,周中良,等. 基于可用度和费用要求的航材备件储备量优化[J]. 空军工程大学学报,2009,10(6): 15-18.

[56] 邱风,汪洋. 通用雷达装备维修器材储供标准模型[J]. 军械工程学院学报,2006,18(2): 30-32.

[57] 倪冬梅,赵秋红,李海滨. 需求预测综合模型及其与库存决策的集成研究[J]. 管理科学学报,2013,16(9): 44-52.

[58] 陈靓. 基于供应链的 A 航空公司航材库存管理优化研究[D]. 西北大学,2016.

[59] 李崇明. 基于可靠性分析的航材采购模型研究[D]. 中国民航大学,2016.

[60] 张瑞昌,赵嵩正. 消耗性航材备件订货模型的确定[J]. 军事运筹与系统工程,2004,18(4): 40-42.

[61] GJB 8257—2014,通用雷达装备维修器材筹措供应标准编制要求[S].

[62] GJB 4355—2002,备件供应规划要求[S].

[63] GJB 3914—99,电子对抗装备随机备件概算[S].

[64] U DIMESH KUMAR. 可靠性、维修与后勤保障:寿命周期方法[M]. 刘庆华,宋宁哲,译. 北京:电子工业出版社,2010.

[65] 闫红伟,康建设,赵纳新,等. 战时装备维修备件品种确定步骤与方法研究[J]. 物流科技,2007(5):166-168.

[66] 胡一繁. 飞机战伤备件需求模型研究[D]. 西北工业大学,2007:1-20.

[67] 常文兵,卢菊平,肖波平. 武器系统战时备件需求规律分析[J]. 质量与可靠性,2006(4):11-17.

[68] 周仁斌,王国富,浦金云．战时装备备件需求的多层次灰色预测[J]．军械工程学院学报,2002,14(3):38-42.

[69] 吴晓辉．战时备件申请时机和申请量研究[J]．价值工程,2012,31(2):300-301.

[70] 孙胜祥,李征宇,安天霞．备件战时存储费用需求预测研究[J]．武汉理工大学学报,2007(1):150-156.

[71] 郭会军,刘伟．基于ARIS的战时备件需求仿真模型研究[J]．科学技术与工程,2007(12):6257-6259.

[72] 闫红伟,康建设,赵纳新．战时装备维修备件携运行量确定方法研究[J]．科学技术与工程,2007,7(5):816-819.

[73] 闫小拽,闫莉．基于战时航空装备备件保障度模型的研究[J]．中国新技术新产品,2008(9):13-14.

[74] 李文元,张勇军,李德龙,等．通信装备战时随装携行备件优化方法[J]．兵工自动化,2011,30(3):26-29.

[75] 刘喜春,朱延广,王维平．战时多阶段备件供应保障优化[J]．计算机工程与应用,2008,44(8):238-241.

[76] 吴晓辉．战时装备分散配置备件运行量优化研究[J]．价值工程,2011,30(23):304-305.

[77] 刘喜春,王磊,许永平,等．战时可修复备件供应保障优化模型[J]．系统工程与电子技术,2010,32(12):2595-2599.

[78] 闫红伟,康建设,赵纳新,等．战时装备维修备件重要度模糊综合评定方法[J]．兵工自动化,2007(2):16-17.

[79] 李守惠,刘金龙．提高战时航材保障能力的对策[J]．空军装备,2004(6):30-31.

[80] 隋志刚,李守发．航空兵部队战时机动空运转场携行标准研究[J]．空军第二航空学院学报,2003,18(4):26-28.